现代服务业河南省协同创新中心研究丛书

服务外包与
中国利用外资问题研究

FUWU WAIBAO YU
ZHONGGUO LIYONG WAIZI WENTI
YANJIU

赵 楠 / 著

经济管理出版社
ECONOMY & MANAGEMENT PUBLISHING HOUSE

图书在版编目（CIP）数据

服务外包与中国利用外资问题研究/赵楠著．—北京：经济管理出版社，2016.9
ISBN 978－7－5096－4201－6

Ⅰ．①服…　Ⅱ．①赵…　Ⅲ．①服务业—对外承包—研究—中国②外资利用—研究—中国
Ⅳ．①F719　②F832.6

中国版本图书馆CIP数据核字(2015)第307497号

组稿编辑：申桂萍
责任编辑：侯春霞
责任印制：黄章平
责任校对：王　淼

出版发行：经济管理出版社
（北京市海淀区北蜂窝8号中雅大厦A座11层　100038）
网　　址：www.E－mp.com.cn
电　　话：（010）51915602
印　　刷：北京九州迅驰传媒文化有限公司
经　　销：新华书店
开　　本：720mm×1000mm/16
印　　张：10
字　　数：213千字
版　　次：2016年9月第1版　　2016年9月第1次印刷
书　　号：ISBN 978－7－5096－4201－6
定　　价：39.00元

前　言

服务外包的迅速发展引起了各国的高度重视，通过服务外包保护和提升本国福利水平成为各国利用和发展服务外包的出发点和落脚点。对服务外包发展规律及未来趋势进行深入的规范性研究不仅是研究服务外包的题中之义，更是对目前研究服务外包问题所形成的有关理论的深化和延展，因而具有重要的理论价值。同时，通过系统的个案研究，进而将个性的理论研究成果提升为普适性的服务外包未来发展规律，指导各国利用这一规律解决服务外包发展过程中的各种问题，无疑将具有一定实际应用价值。

根据研究目标，本书的研究内容主要包括三个方面：一是研究服务外包发生发展等一般问题，通过分析一般问题，发现服务外包发展的规律和传递路径；二是研究印度等服务外包先发国家的成功经验和存在问题，为中国服务外包发展提供借鉴；三是研究中国服务外包的路径和方式。具体来说，本书内容分为九个部分：

第一部分是导论。主要介绍本书的研究背景、方法、意义、已有文献综述及总体框架。

第二部分是服务外包的兴起及其表现。在新一轮的国际产业转移中，服务外包迅速发展，并成为国际经济领域中最活跃的因素之一。国际服务外包有其内在的发展规律和外在表现。本部分希望通过分析外在表现认识其内在规律，为我国发展服务外包提供理论借鉴。

第三部分是国际产业转移的路径与服务外包。本部分主要对国际产业转移的产业选择、技术路径和投资方式的变化趋势进行考察，从中发现其规律，从而有助于我国更好地承接国际产业转移和发展服务外包。

第四部分是我国承接服务外包的现状和存在的问题。2007 年国务院发布加快发展服务业第 7 号文件以后，我国进入发展国内服务外包与承接国际服务外包的新阶段。本部分从我国承接服务外包的历史过程入手，考察我国承接国际服务外包存在的问题。

第五部分是服务外包与我国利用外资的地区均衡。改革开放以来，我国利用外资过程中出现的问题之一就是东部、中部、西部地区的不均衡。出现这种现象最主要的影响因素是中西部的区位劣势。服务外包利用互联网技术，可以改变过去的区位劣势，使投资向传统的投资劣势地区发展。因此，利用服务外包有可能会改变中国利用外资的地区不均衡发展问题。

第六部分是中国服务业吸引国际直接投资若干问题研究。服务外包的出现改变了国际直接投资的方式和领域。作为最大的国际直接投资吸收国，中国吸引国际直接投资的产业结构必然受到国际直接投资变化趋势的影响。能否适应这一变化趋势，是关系到中国今后吸引国际直接投资数量和质量的重大问题。只有认清中国服务业吸引国际直接投资的客观条件，并通过制定相应的对策，积极适应这一变化趋势，才能保证中国吸引国际直接投资的大国地位和提高利用外资的质量。

第七部分是印度发展服务外包的模式分析。印度是国际服务外包的发轫国之一，其服务外包走的是一条“以 ITO 为主要业务内容，发端于低端，完全依赖国外市场”的路径模式。这种模式保证了印度在服务外包初期阶段取得成功，成为当今世界上承接服务外包最发达的国家；同时这一模式也成为制约其服务外包进一步发展的不利因素。因此，分析印度发展服务外包的模式，对于研究全球服务外包市场的发展规律和趋势具有重要的借鉴意义。

第八部分是中国发展服务外包的路径选择。随着 2006 年 10 月商务部促进服务外包发展“千百十工程”的实施，中国服务外包进入快速发展阶段。目前，国际上较为流行的服务外包模式是以印度为代表的信息技术外包。由于中国与印度在信息产业发展和吸引外资方面存在较大差距，中国不可能照搬印度发展服务外包的成功模式，本部分就是研究中国发展服务外包的路径选择问题。

第九部分是附录。在上述各部分中，我们在分析中国发展服务外包时，参考了诸多中国政府和相关机构出台的各种有关服务外包的政策、文件，这一部分将这些政策、文件以附录的形式列于书后，以便读者在阅读本书时参阅。

利用服务外包提升我国利用外资水平是一个新课题。本书在借鉴引用有关研究成果的基础上，通过建立一个初步的研究体系来分析这一问题只是一种尝试，而非成熟的逻辑框架；同时，囿于笔者的学识和资料的可得性，这种尝试也只是一个开始。希望本书的这种尝试能够为有关研究提供一个思路和借鉴。

目　　录

第一章　导论

一、本书的研究背景和价值

服务外包是指服务产品生产过程中的部分流程或制造品生产过程中的部分服务环节从特定企业内部以合同方式转移到企业外部完成，服务业务委托方称为发包方，服务业务承包方称为接包方。如果外包合同的发包方与接包方分属不同的国家，则称为国际服务外包或离岸外包（江小涓，2008）。

20 世纪 80 年代以来，服务全球化后来居上，成为经济全球化的主导力量和重要内容，被称为第三次经济全球化①。作为服务全球化的特殊形式，国际服务外包发展迅速，我国国际服务外包发展尤为迅猛。根据国际数据公司（IDC）统计，2015 年全球服务外包市场规模达到 1 万亿美元，发展潜力巨大。Gartner 的统计显示，当前全球企业 1000 强中 95% 的企业已经制定了公司离岸战略，全球离岸服务外包目前正从爱尔兰等中等发达国家向印度、中国和菲律宾等发展中国家转移，但还远未进入成熟的发展阶段。中国服务外包研究中心发布的《中国服务外包发展报告 2012》指出，2011 年全球国际服务外包规模已达 1100 亿美元，占全球服务业的 13%，呈复苏增长态势，2015 年达到 2100 亿美元。中国服务外包业在承接国际转移、吸纳就业、企业成长等指标方面都有较好表现。截至 2011 年，内地服务外包企业累计达 16939 家，从业人员 318.2 万人，其中大学生占七成以上。离岸外包合同金额 873.8 亿美元，离岸外包执行金额 539.6 亿美元。报告认为，今后全球服务外包产业将恢复稳步增长态势。中国服务外包产业未来几

① 国际产业转移共经历了三次“全球化浪潮”：第一次是“市场全球化”，即通过国际贸易来拓展市场；第二次是“生产全球化”，即通过生产要素的全球配置实现产业的国际转移；第三次是“服务全球化”，即大量与服务、知识相关的产业正在进行全球转移。

年将保持40% ~50% 的增长速度。在岸市场需求加速释放，市场运行更加规范，企业加快全球布局步伐。[①] 中国商务部2012年2月16日发布的数据显示，2011年我国企业承接服务外包合同执行金额323.9亿美元，同比增长63.6%。其中，承接国际（离岸）服务外包合同执行金额238.3亿美元，同比增长65.0%，比上年提高22%；我国服务外包产业的国际市场份额进一步扩大，2011年我国承接服务外包占全球的23.2%，比上年提高6.3%。[②] 第四届中国国际服务外包交易博览会统计数据也显示，2011年中国企业承接国际服务外包合同执行金额238.3亿美元，同比增长达65.0%，已成为全球第二大国际服务外包承接国。[③]

国际服务外包的迅速发展，在降低成本、增加收益、促进贸易和投资、促进产业分工深化、促进就业和提升就业结构、促进服务业发展和增强服务业竞争力、增加消费者福利的同时，也对发包方和接包方等相关国家的产业结构、人力资本、就业，甚至收入水平产生了影响，尤其是对国际资本流动的方向和方式产生了重要影响。如何在发展服务外包时，既能够充分利用其优势促进本国经济发展，又能够通过制定适当的政策措施规避其不利影响，这是每一个发展服务外包的国家都必须面对的问题。尽管通过近20年的发展，各国都积累了一定的经验，但与服务外包大发展的趋势相比，这些经验显得较为缺乏。尤其是中国这样发展速度快、规模增加快、外资利用以及对外投资不断增加的国家，对于服务外包的研究更是到了关键时刻。从理论和实践两个方面对服务外包进行系统总结和深入研究，并在此基础上提出今后服务外包发展的方向，对于今后服务外包的发展和各国的路径选择都将产生积极的影响。

在理论研究方面，虽然近年来国内外学者越来越重视从实践中总结服务外包的经验，但这些研究大多停留在个案的研究和国别的服务外包数据统计分析层面，从事实证研究的多，从事规范研究的少，尤其是对服务外包未来发展趋势，服务外包对相关国家产业结构调整、人力资本变化、国际直接投资形式方面影响的研究还缺乏系统性、统一性和完整性。对服务外包未来发展趋势进行深入的规范性研究不仅是研究服务外包的题中之义，更是对目前研究服务外包问题所形成的有关理论的深化和延展，因而具有重要的理论价值。

在实际应用方面，国际服务外包的迅猛发展所引起的对发包方和接包方等相关国家的产业结构、人力资本、就业，甚至收入水平产生的影响，尤其是对国际资本流动的方向和方式产生的影响，亟须寻求一种系统的、合理的、有效的解决

① http：//finance. eastday. com/economic/m1/20120530/u1a6591309. html.

② http：//chinasourcing. mofcom. gov. cn/.

③ http：//finance. sina. com. cn/roll/20120926/144513247031. shtml.

方案。如果不能找到这一解决方案，服务外包的发展不仅不能给各国带来福祉，相反还会造成灾难。因此，通过系统的个案研究，进而将个性的理论研究成果提升为普适性的服务外包未来发展规律，指导各国利用这一规律解决服务外包发展过程中的各种问题，无疑将具有一定的实际应用价值。

二、国内外研究现状和趋势

针对国际服务外包及其发展过程中出现的问题与争端，理论界已经进行了较为深入的研究，并获得了大量的研究成果。这些研究成果主要涉及国际服务外包理论基础及其动因、国际服务外包效应、国际服务外包发展趋势及中国的对策等方面。

（一）关于服务外包属性和概念的研究

作为国际经济领域的一种相对较新的现象，人们对服务外包的研究起步也相对较晚。对服务外包的属性，不同的研究者得出了不同的结论。西安软件园主任毛爱亮曾指出，服务外包是“一种管理模式”。他认为，“服务外包的定义是指企业将其非核心的业务外包出去，利用外部最优秀的专业化团队来承接其业务，从而使其专注核心业务，达到降低成本、提高效率、增强企业核心竞争力和对环境应变能力的一种管理模式”。①

严启发将服务外包视为一种“经营方式”。他认为，“服务外包是指近年来发达国家将高科技产业或服务业的部分业务外包到成本相对较低的国家或地区的经营方式”。②

中国社会科学院学部委员、中国社会科学院研究生院财贸系教授、博士生导师杨圣明认为，服务外包是一种新兴的加工贸易。“服务外包又称服务加工贸易，国际上也称离岸服务（Off Shore Service）。”“所谓服务外包是指一国的企业将一种服务商品或它的非关键部分转让给国外公司承担的一种经营方式，或一种商业模式，或一种国际贸易方式。在后一种意义上，我们将服务外包理解为服务加工贸易。以往的加工贸易专指货物商品的加工贸易。进入新世纪后，服务商品的加工贸易迅速发展。因此，近几年来，它成为国际贸易领域中的新课题。”③

① 参见2006年10月7日《国际商报》第三版。

② 参见2006年5月1日《国际商报》第三版。

③ 杨圣明. 加快发展我国服务外包产业［J］. 时代经贸，2008（8）.

江小涓认为，“服务外包是一种新的全球产业组织形态。其本质是人力资本市场合约和劳务活动企业合约的统一，是人力资本配置方式的根本变化”。因此，“服务外包是企业签订外部供应合约完成过去在内部进行的经济活动”。①

姜春荣在《国际服务外包浪潮：理论、实证与中国战略研究》一书中，总结了国内外研究服务外包定义的成果。她把这些研究成果总结为六种情况。第一种情况是从企业管理战略角度定义外包的概念。这些研究者包括 Rahul Sen 和 M. Shahidul Islam、Gilley 和 Rashssd、刘慧和胡天佑等。Rahul Sen 和 M. Shahidul Islam（2005）认为，外包现象指的是企业战略性地运用外部资源来进行它过去用企业内部的人力、物力进行的经济活动。Gilley 和 Rashssd（2000）则强调，企业本身有资源和能力从事某种生产活动，但自己不生产的情况下，交给其他企业或单位去做，因此，外包本质是一种摈弃内在化的基本活动形式。刘慧和胡天佑（2004）认为，“外包”是指企业将一些非核心的、次要的或辅助性的功能或业务包给企业外部的专业服务机构，利用他人的专长和优势来提高企业的整体效率和竞争力，而自身仅专注于企业具有核心竞争力的功能和业务。

第二种情况是从外包服务提供方与需求方的相互关系定义外包的概念。如 Gene M. Grossman 和 Elhanan Helpman 把外包看作一种由不完全合同控制的寻找合作伙伴与特定关系投资的活动。Sourafel 和 Holger Girma 认为，外包可以大致定义为通过合同的方式把原由企业内生产的活动转包到公司外面去。Shreeveport 咨询公司将服务外包定义为，依据服务协议，将某项服务的持续管理责任转嫁给第三者执行。卢言（2005）认为，外包广义上是指企业与第三方签订合约，委托第三方为其提供生产所需的中间投入品和服务，或者委托第三方为其提供以委托企业品牌出售的产品或服务，使企业发生逆一体化、专业化、规模缩减的变化，企业间建立松散、灵活、长期、多层面的合作关系。当外包跨越国界时，作为一项重要的企业组织创新活动，它是松散一体化国际生产体系形成和发展的纽带。

第三种情况是从国际经济角度定义外包的概念。如 Mary Amiti 和 Shang - jin Wei（2005）把国际服务外包定义为从国外获得商品或服务的中间投入品，既包括从独立于本公司的国外企业获得的商品或服务的中间投入品，也包括从国外子公司内获得的公司内贸易。Jagdish Bhagwati、Arvind Panagariya 和 T. N. Srinivasan（2004）则从国际服务贸易角度来论述服务外包，他们给出一种描述性的概念，即外包是国际服务贸易中迅速增长的一部分，包括远距离海外购买服务，主要但不必然通过电子媒介，如电话、传真、互联网等，主要是指 WTO《服务贸易总协定》中定义的四种服务贸易方式中的第一种，即跨境交付。Shapiro（1996）

① 江小涓．服务外包：合约形态变革及其理论蕴意——人力资本市场配置与劳务活动企业配置的统一［J］．经济研究，2008（7）．

从国际金融方面入手，认为国际外包是跨国公司避开汇率波动风险的措施。Cooper 和 Lybrand（1996）认为到海外经营的企业采用外包方式是对传统的全资子公司的替代行为。詹晓宁和邢厚媛（2005）认为，作为跨国公司归核化调整的副产品，服务外包是指作为生产经营者的业主将服务流程以商业形式发包给本企业以外的服务提供者的经济活动。服务外包并非完全发生于服务行业，制造业和其他行业所需要的服务流程更倾向于对外发包。服务外包的发包方可以是企业，也可以是政府和社团组织等。外包的服务可以提供给本国市场、东道国市场或第三方市场。服务外包的本质是企业以价值链管理为基础，将其非核心业务通过合同方式发包、分包或转包给本企业之外的服务提供者，以提高生产要素和资源配置效率的跨国生产组织模式，当前迅速发展的服务外包是经济全球化背景下国际分工的表现形式，是跨国公司追求利益最大化的必然结果。甄炳禧（2005）认为，国际服务外包，或称离岸服务外包，是指跨国公司将本来由自身执行的非核心服务性职能，通过建立可控制的离岸中心或国外分公司，包给境外第三方服务供应商去完成。服务外包涵盖服务业、制造业及其他行业所需要的服务流程，服务外包的资本密集程度和成本较低，因而比外包制造业的迁移具有更大的随意性。

第四种情况是从技术进步角度定义外包的概念。Deborahl Swenson（2005）认为，外包应该被看作一种技术创新，这种创新使生产商可以将生产过程进行地理上的分离。王根索（2005）认为，服务外包指技术开发与支持（如软件开发、产品设计等）和其他服务活动（如客户关系管理、企业各类资源管理、仓储运输物流管理、企业运营流程管理、服务管理等）的外包。

第五种情况是从外包动机与效应角度定义外包的概念。The American Heritage Dictionary 把它定义为，从外部供给商或生产商处取得商品或服务，以达到节约成本的目的。Markus Diehl（2004）是从外包效应方面理解的，他认为外包是通过进口中间投入品而推动国内附加值的增加，并影响就业结构向有利于技术升级的方向移动。李仲周（2004）认为，外包是指跨国公司将其非核心业务通过合同方式分包给公司之外的企业来承担，通过签订数年合同以保证服务的稳定供应、最优的质量和最优的成本。

第六种情况是国际经济组织有关国际服务外包的概念解释。《2004 年世界投资报告：转向服务业》一书中提到两种服务业离岸转移的方式，一是自营式外移，指的是通过内部化方式，开辟国外分公司，在海外建立分公司或子公司或服务基地；二是离岸外包，将服务外包给海外第三方服务承包方。综合考虑国内外学术界已有定义中的多种角度，姜春荣从企业战略转变、国际经济视角，并结合服务外包的微观动机与宏观效应，给国际服务外包下了一个简单的定义，即国际服务外包是指跨国公司将产业价值链中原本由自我提供的部分或全部服务环节或服务流程委托给本土以外的服务承包方来完成的经济活动，以通过重组企业供应链，优化全球资源配置，达到降低成本、提高效率的目的。[①]

（二）关于国际服务外包基础理论及其动因的研究

对于国际服务外包基础理论的研究，研究成果主要有以下几个方面：

王春（2008）从服务外包的内容和特点出发，认为服务外包的基础理论应该包括资源基础理论、核心能力理论、资源依赖理论、交易成本理论、委托代理理论。[②] 刘丁有和张妍（2010）则认为服务外包的基础理论应该包括经济学和管理学理论中的传统贸易理论、新贸易理论、产业组织理论以及现代企业理论，并运用比较优势理论、交易费用理论、全球价值链理论、资源基础理论、核心能力理论、商业模式转型理论对服务外包进行了分析。[③] 刘庆林和刘小伟（2008）提出服务外包的基础理论有交易成本理论、比较成本理论、核心能力理论和资源基础理论。[④] 江小涓等（2008）则从微观企业视角和宏观国际经济视角对服务外包的基础理论进行了分析和综合。[⑤] 他们认为，从微观企业视角看，国际服务外包的基础理论包括战略管理理论、经济学理论和社会学理论，而战略管理理论则又包括资源基础论和资源依赖论，经济学理论又包括交易成本理论和代理成本理论，社会学理论又包括政治权力理论和社会交换理论；从宏观国际经济视角看，国际服务外包的基础理论包括比较优势理论、产业间贸易理论和离岸外包模型，而比较优势理论又包括比较优势不同要素禀赋差异论，产业间贸易理论又包括规模经济论、边际成本递减论和垄断竞争论，离岸外包模型又包括直接投资论、比较优势差异论和短缺要素互补论等。

综合关于服务外包基础理论的研究观点，我们可以发现，服务外包的基础理论主要有如下几种：

1. 交易成本理论

基于经济学角度的外包理论始于交易成本理论。交易成本理论是由诺贝尔经济学奖得主科斯（Coase，R. H.）于 1937 年提出的。科斯当时提出的交易成本理论主要用于解释企业的本质。威廉姆森（Williamson）在 1975 年对交易成本理论进行了深化，他定义交易成本泛指一切为了实现交易而支付的费用，包括搜寻

---

① 姜春荣．国际服务外包浪潮：理论、实证与中国战略研究［M］．北京：对外经济贸易大学出版社，2009.

② 王春．IT 外包理论的国内外研究述评［J］．科技管理研究，2008（5）.

③ 刘丁有，张妍．服务外包机理的理论分析综述及其实践指导意义［J］．改革与发展，2010（2）.

④ 刘庆林，刘小伟．国外服务业外包理论研究综述［J］．山东社会科学，2008（6）.

⑤ 江小涓等．服务全球化与服务外包：现状、趋势及理论分析［M］．北京：人民出版社，2008.

成本、信息成本、议价成本、决策成本、违约成本等，威廉姆森认为交易成本具有资产专属性、交易不确定性和交易频率三个特征。资产专属性在服务外包中的应用可用于解释服务外包的内容，对于具有高度资产专属性的业务，企业倾向于自行完成，企业外包出去的只是中度或低度资产专属性的业务。而交易不确定性则涉及服务外包的风险，是企业必须考虑的项目。①

2. 比较优势理论

比较优势理论是大卫·李嘉图在其代表作《政治经济学及赋税原理》中提出的贸易理论，也叫作比较成本贸易理论。比较优势理论认为，国际贸易的基础是生产技术的相对差别（而非绝对差别），以及由此产生的相对成本的差别。根据比较优势理论，可将生产过程按照所需劳动技能水平进行分级，这样可以将不同劳动生产率水平需求的生产模块转移到与其需求相匹配的国家或地区进行②。这就得出了一个推论，即生产技能水平越低的国家，其分配的生产模块技能水平越低。这一理论解释了为什么当前发达国家细分其服务业务，将低技能重复性业务外包给生产技能较低的发展中国家。

3. 资源基础理论和资源依赖理论

资源基础理论认为，企业是各种资源的集合体。由于各种不同的原因，企业拥有的资源各不相同，具有异质性。这种异质性决定了企业竞争力的差异。企业拥有资源的异质性也可以解释为企业资源的缺口，企业必须通过外包来填补这些缺口。这说明接包企业的资源对于发包企业是稀缺的。

而资源依赖理论从外部环境来分析，认为企业的成功或生存都在不同程度上依赖外部环境中的其他公司或组织向其提供的关键资源。企业之间存在的是一种资源依存关系，由于这种关系存在不确定性，因此，企业必须建立相互合作以减少不确定性。服务外包就是这样一种形式，企业通过将服务外包给其他组织来获取企业所需的资源。陈菲（2009）认为，有三个关键影响因素：资源的重要性、对资源配置的判断力和资源的可替代性，而任务环境影响对此三项起决定性作用。③

4. 企业核心竞争力理论

1990 年，普拉哈拉德和哈默尔在《哈佛商业评论》上发表的《公司核心竞争力》一文中，开创了对核心竞争力进行研究的先河。在此之后，众多学者开始关注对核心竞争力的研究。不同的学者从技术观、知识观、资源观、组织与系统

① Williamson, O. E. Markets and Hierarchies: Analysis and Antitrust Implications [M]. New York: Free Press, 1975.

② 大卫·李嘉图. 政治经济学及赋税原理 [M]. 北京：商务印书馆，1976.

③ 陈菲. 服务外包与服务业发展 [M]. 北京：经济科学出版社，2009.

观等不同角度进行了研究，形成了不同的流派。企业核心竞争力理论成为 20 世纪 90 年代企业理论和战略管理领域的一朵奇葩。根据被广泛接受的稀缺性、难以模仿性等核心竞争力的特征可知，服务外包主要是通过将非核心业务外包出去，企业集中资源专注于擅长的业务以形成核心竞争力来帮助企业应对全球竞争。

5. 国际服务外包的动因

服务外包的动因是企业做出服务外包与否的关键驱动因素。服务外包决策的制定对于企业尤其是高技术类企业尤为关键，外包活动的顺利实施对于企业的发展是非常有帮助的；相反，外包活动的失败，对企业可能产生致命性的打击。因此，企业在做出服务外包决策时要非常慎重，应将其提升到战略高度来考虑。企业是否开展服务外包取决于其服务外包的动机，因此，有必要对企业服务外包的动因进行研究。

对于企业服务外包的动因，国外学者进行了非常充分的研究。Lon 和 Ventakraman（1992）从 IT 业务外包出发，分别从宏观经济、行业、企业以及企业内部四个层面对服务外包动因进行分析，提出追寻竞争优势、暂时的经济周期和趋势、竞争压力以及其他管理因素都是构成外包的动因。[①] McFarlan 和 Nolan（1995）则认为企业目前越来越倾向于 IT 服务外包，主要考虑的因素是归核化要求、关系成本及质量、落后的 IT 性能以及环境因素和其他的财务因素。[②] Diromualdo 和 Gurbaxani（1998）把服务外包的战略意图分为三类：降低成本和提高 IT 资源效率、增加 IT 对企业绩效的贡献度、利用市场上与技术相关的资产来开发和销售以新技术为基础的货物或服务。Marcus Neureiter 和 Peter Nunnenkamp（2010）则重点研究成本和市场准入，认为这两个因素是横向和纵向国际直接投资的主要驱动因素。[③]

上述学者的研究发现，企业在做出外包决策时考虑的因素很多，但不同的企业参考的主要因素可能存在差异。因此，每个企业都会根据其面临的不同环境进行战略决策。虽然考虑的侧重点有所不同，但是，有些动因却是多数企业都必须考虑的，这些动因对于服务外包的决策制定起着关键作用。归纳起来，这些动因主要有经济动因、技术动因、政策动因等。

（1）经济动因。国际服务外包可带来低成本竞争优势，发达国家的企业将服务业务外包给发展中国家很大程度上就是出于成本考虑。德勤调查的 42 家运

① 刘庆林，刘小伟. 国外服务业外包理论研究综述［J］. 山东社会科学，2008（6）.

② 崔健等. 跨国公司服务外包文献综述及最新进展［J］. 科技管理研究，2010（2）.

③ Marcus Neureiter and Peter Nunnenkamp. Outsourcing Motives, Location Choice and Labour Market. Implications: An Empirical Analysis for European Countries?［M］. Blackwell Publishing Ltd.，2010.

营商中，53%的企业最主要的动力是削减20%以上的成本，这些成本包括人员工资、招聘成本、国家保险以及房地产等。① 张芬霞和刘景江（2005）从经济方面考虑，认为国际服务外包能够带来低成本的竞争优势，加强企业的核心业务与企业市场竞争的战略地位，提高产品综合竞争优势。②

（2）技术动因。在互联网时代，国际服务外包能够帮助企业在地球上任何一地选择高效率、有创新能力的供应商，可缩短研发周期。信息网络技术大幅度降低了市场交易成本，这使企业的业务规模和市场占有率的扩大更倾向于通过外包特别是“离岸外包”来实现。信息网络技术在发展中国家催生出了许多快速灵活、生产专精的小企业网络，它们是承接“离岸外包”大订单的产业集群。③

（3）政策动因。张芬霞和刘景江（2005）认为，通过考察美国的服务外包，我们就可以在一定程度上发现全球服务外包的政策动因。美国曾经实施过两大政策，一是限制科技移民政策，二是鼓励高薪员工早退休的政策，这两大政策都直接关系到服务外包的发展，因为这两个政策实施的结果是美国国内的技术人才出现供不应求，美国的企业不得不将部分高技术工作“离岸外包”。

除了这些主要因素之外，还有些学者从实际角度分析了导致服务外包的特殊因素，如Lacidty、Hirschheim、Loh和Venkatraman认为企业做出服务外包决策有时候并不全是出于对成本、效率的考虑，还可能是基于社会环境的压力。④ 目前，全球范围内的趋势就是所有企业都把自己的非核心业务外包出去，企业在这种环境下为了提高自身的竞争力或是出于生存需要，不得不做出相应决策，进行外包。

（三）关于服务外包效应的分析

Grossman和Helpman（2002）认为服务外包的最终交易完成在宏观层面上的直接结果就是中间品贸易的增加，融合跨国公司以全球资源配置为导向的国际化战略和中间品贸易扩大的国际贸易格局，对于国际分工格局的直接效应是垂直型分工的加深。Girma和Gorg（2003）以英国为考察对象，通过实证分析，论证了服务外包对全要素生产率的增长具有积极作用。Panl A. Samuelson（2004）认为，从世界范围看，服务外包会推动经济增长，但对贸易参与国的经济福利效应不确定。David和Levy（2005）将国际服务外包的经济效应归纳为成本缩减效应、财富创造和分配效应。

---

① 江小涓等．服务全球化与服务外包：现状、趋势及理论分析［M］．人民出版社，2008.

②③ 张芬霞，刘景江．“离岸外包”发展述评［J］．经济问题，2005（8）.

④ 冯雷鸣等．国外服务外包理论研究简述［J］．经济师，2010（1）.

卢锋（2007）基于国际服务外包的经济利益来源和成本约束，探索了国际服务外包对产业在比较优势、规模经济和生产网络化等层面上的效应。除此以外，对于相关产业而言，除了获得稳定的国际市场网络并助推规模经济以外，经由要素收益渠道也引发了企业雇员的收入效应。刘庆林和陈景华（2006）通过对外包模型的分析，发现国际服务外包对外包输出国和承接国双方的技术性劳动相对工资和就业的增长有积极作用。詹晓宁和邢厚媛（2005）认为发展服务外包会带来巨大的经济与社会效益，包括提升产业结构、增加出口收入、创造就业和提高员工收入和技能水平等。喻美辞（2008）通过开放经济增长模型论证了国际服务外包对承接国技术进步的正向作用，以及影响技术溢出效应大小的一系列条件。

（四）“全过程”外包、外包基地建设：关于国际服务外包发展趋势及中国对策的研究

赵楠（2007）认为，国际服务外包的发展将从现在的以信息技术外包为主，逐步转向以商务流程外包为主，因此，中国应该重视发展以商务流程外包为核心的“全过程”服务外包，并提出了建设服务外包示范城市等中国发展“全过程”服务外包的具体对策。李志强和李子慧（2004）对全球服务外包发展的总体趋势进行了介绍，总结了美国、印度对服务外包的主要争论，并提出中国发展国际服务外包的若干对策建议。来有为（2004）指出，经济全球化背景下，服务外包成为国际服务业转移的主要形式之一，主动承接国际服务外包是中国进行产业结构提升的重要机遇。詹晓宁和邢厚媛（2005）分析了国际服务外包的发展趋势，预测了国际服务外包的发展前景，总结了国际服务外包对发展中国家产生的影响，提出了中国发展国际服务外包的战略。王光丽（2006）通过和其他国家对比，指出我国在综合环境、制造业、人力资本、产业集聚、与日韩合作等方面的优势，提出应利用当前的有利因素使承接跨国公司服务外包成为中国经济增长的新亮点。谭力文和田毕飞（2006）通过介绍世界主要服务外包参与国关于服务外包的政策，得出以下结论：服务外包潮流势不可当，中国应该鼓励企业承接国际服务外包，以发展国际服务外包为契机，促进中国的产业结构升级。王洛林（2010）对我国服务外包的典型行业如软件、物流与服务外包发展的典型地区进行了分析说明，并给出了具体的政策建议。①

① 赵鸿．国际服务外包：运行机制与效应研究［D］．上海社会科学院博士学位论文，2011.

三、本书的研究目标、研究思路、研究内容和研究方法

（一）研究目标

本书总的研究目标是服务外包与中国利用外资问题，以期利用服务外包促进我国国际投资的健康持续发展。具体包括以下三个方面：

一是从服务外包的本质入手研究服务外包对国际投资的影响。众所周知，服务外包是国际产业转移和资本国际流动的载体，通过服务外包，可以促进产业的国际转移，进而带动投资的国际转移。因此，可以说，服务外包与国际投资具有天然的契合性。那么，服务外包是如何促进国际投资发展的呢？其中的机制是什么？这些都是需要深入研究的，也是必须研究的。因为，只有明白了这些基本问题，才能更好地利用服务外包促进国际产业转移和国际资本流动，进而促进国际投资的健康发展。

二是从印度等服务外包发达国家的经验出发研究服务外包发展的基本要素。印度是发展服务外包较早也是发展成效较好的国家。印度发展服务外包积累了诸多成功经验，通过对印度发展服务外包的经验进行分析，我们可以管窥服务外包发展的基本规律，也可以从中了解发展服务外包所必须具备的基本要素，进而为我国发展服务外包提供经验借鉴。当然，印度发展服务外包有其特殊性，也存在需要改进的地方。借鉴印度的经验，改进其不足之处，将会对我国发展服务外包起到积极的促进作用。

三是从中国的实际出发研究服务外包对利用外资的促进作用。改革开放30多年来，我国利用外资一直在持续增长，规模不断扩大。进入21世纪，尤其是我国经济进入新常态后，利用外资的规模扩张已不是首要选择，如何提高利用外资的质量、促进利用外资的均衡发展等越来越成为利用外资的主要考虑因素。因此，研究如何选择服务外包模式和路径、如何通过制定相应的政策措施，以提高外资利用质量和实现均衡发展，将是我国经济发展新常态下亟须解决的问题。

（二）研究思路

本书的研究思路是，以服务外包与国际投资的相互关系为视角，首先分析服务外包的业务性质及其对国际投资的影响，然后以印度为例分析服务外包模式选

择的影响因素及服务外包发展的基本条件，进而分析我国经济发展新常态下如何利用服务外包实现利用外资的地区均衡以及提升外资的利用质量。

（三）研究内容

根据研究目标，本书的研究内容主要包括三个方面：一是研究服务外包发生发展等一般问题，通过分析一般问题，发现服务外包发展的规律和传递路径；二是研究印度等服务外包先发国家的成功经验和存在问题，为中国服务外包发展提供借鉴；三是研究中国服务外包的路径和方式。具体来说，本书内容分为九个部分：

第一部分是导论。主要介绍本书的研究背景、方法、意义、已有文献综述及总体框架。

第二部分是服务外包的兴起及其表现。在新一轮的国际产业转移中，服务外包迅速发展，并成为国际经济领域中最活跃的因素之一。国际服务外包有其内在的发展规律和外在表现。本部分希望通过分析外在表现认识其内在规律，为我国发展服务外包提供理论借鉴。

第三部分是国际产业转移的路径与服务外包。本部分主要对国际产业转移的产业选择、技术路径和投资方式的变化趋势进行考察，从中发现其规律，从而有助于我国更好地承接国际产业转移和发展服务外包。

第四部分是我国承接服务外包的现状和存在的问题。2007 年国务院发布加快发展服务业第 7 号文件以后，我国进入发展国内服务外包与承接国际服务外包的新阶段。本部分从我国承接服务外包的历史过程入手，考察我国承接国际服务外包存在的问题。

第五部分是服务外包与我国利用外资的地区均衡。改革开放以来，我国利用外资过程中出现的问题之一就是东部、中部、西部地区的不均衡。出现这种现象最主要的影响因素是中西部的区位劣势。服务外包利用互联网技术，可以改变过去的区位劣势，使投资向传统的投资劣势地区发展。因此，利用服务外包有可能会改变中国利用外资的地区不均衡发展问题。

第六部分是中国服务业吸引国际直接投资若干问题研究。服务外包的出现改变了国际直接投资的方式和领域。作为最大的国际直接投资吸收国，中国吸引国际直接投资的产业结构必然受到国际直接投资变化趋势的影响。能否适应这一变化趋势，是关系到中国今后吸引国际直接投资数量和质量的重大问题。只有认清中国服务业吸引国际直接投资的客观条件，并通过制定相应的对策，积极适应这一变化趋势，才能保证中国吸引国际直接投资的大国地位和提高利用外资的质量。

第七部分是印度发展服务外包的模式分析。印度是国际服务外包的发轫国之一，其服务外包走的是一条“以 ITO 为主要业务内容，发端于低端，完全依赖国外市场”的路径模式。这种模式保证了印度在服务外包初期阶段取得了成功，成为当今世界上承接服务外包最发达的国家；同时这一模式也成为制约其服务外包进一步发展的不利因素。因此，分析印度发展服务外包的模式，对于研究全球服务外包市场的发展规律和趋势具有重要的借鉴意义。

第八部分是中国发展服务外包的路径选择。随着 2006 年 10 月商务部促进服务外包发展“千百十工程”的实施，中国服务外包进入快速发展阶段。目前，国际上较为流行的服务外包模式是以印度为代表的信息技术外包。由于中国与印度在信息产业发展和吸引外资方面存在较大差距，中国不可能照搬印度发展服务外包的成功模式，本部分就是研究中国发展服务外包的路径选择问题。

第九部分是附录。在上述各部分中，我们在分析中国发展服务外包时，参考了诸多中国政府和相关机构出台的各种有关服务外包的政策、文件，这一部分将这些政策、文件以附录的形式列于书后，以便读者在阅读本书时参阅。

（四）研究方法

本书采用管理学、经济学等学科方法进行规范和实证研究，并采取文献研究、系统分析研究、实证研究等方法进行深入的探讨。

（1）文献研究方法。服务外包与利用外资问题是一个具有交叉学科性质的问题，因此，首先必须对与此相关的服务外包、对外投资等方面的理论文献进行回顾和评论，建立服务外包与国际投资问题研究的理论框架。

（2）系统分析方法。本书利用系统论的分析方法，把国际服务外包的基本模式、影响因素以及区位布局等作为一个统一的系统来研究。本书首先对服务外包的模式和种类进行分类，然后对相应的影响因素和运行机制进行识别，最后厘清国际服务外包与利用外资之间的相互关系。

（3）实证研究方法。本书以印度发展服务外包为考察对象，分析其发展服务外包的成功经验和教训，并以此为借鉴，探讨我国发展服务外包的可行性以及通过服务外包促进我国利用外资的路径。

第二章 服务外包的兴起及其表现

新一轮的国际产业转移中，服务业成为主要的产业选择。作为服务业对外投资和服务贸易的主要方式，国际服务外包迅速发展，并成为国际经济领域中最活跃的因素之一。作为一种经济社会现象，国际服务外包的产生、发展有其内在的发展规律和外在表现。通过外在表现正确认识其内在规律，是利用服务外包的前提和条件，也是我国发展服务外包的基础和首要任务。

一、国际直接投资的产业选择趋势与服务外包的兴起

20 世纪 90 年代末以来，国际产业开始了新一轮的结构调整。在国际产业转移中，服务业所占份额不断上升并逐渐成为国际直接投资的主要产业选择，这种变化趋势直接表现为服务业成为国际直接投资的重点和国际服务贸易快速发展两种现象。国际服务外包作为服务业对外投资和服务贸易的重要构成内容，开始兴起并日益发展成为当今国际经济领域里一种十分重要的交流方式，对国际的经济交往与合作产生了重要的影响。能否适应这一变化趋势，是关系到中国今后吸引国际直接投资数量和质量的重大问题。只有积极适应这一变化趋势，通过深入研究国际服务外包的运行机制，制定相应的发展战略，才能保证中国吸引国际直接投资的大国地位和提高利用外资的质量。

1. 服务业成为国际直接投资的重点

随着世界经济和生产结构的不断演进、升级，国际直接投资的产业重点也随之发生着变化。这种变化可以通过分析联合国贸发会议年度《世界投资报告》得到佐证。从 1991 年起到 2004 年，联合国贸发会议跨国公司和投资司连续发表了 14 部《世界投资报告》，这些文献不仅记录了世界投资流量和结构的变化，而且反映了全球最富有学识和经验的经济学家对国际直接投资进行观察和分析的视

角与观点。虽然这里不能详细介绍他们的看法，但年度报告的副标题基本上可以看作是他们对当年国际直接投资趋势的综合判断。① 1991 ~2004 年《世界投资报告》的副标题如表 2 -1 所示。

表 2 -1 1991 ~2004 年《世界投资报告》副标题

年份	英文原文	中文译文
1991	The Triad in Foreign Direct Investment	对外直接投资中的三位一体现象
1992	Transnational Corporations as Engine of Growth	跨国公司是增长的发动机
1993	Transnational Corporations as Integrated International Production	跨国公司是国际化生产的组织者
1994	Transnational Corporations, Employment and the Workplace	跨国公司、就业和工作场所
1995	Transnational Corporations and Competitiveness	跨国公司与竞争力
1996	Investment, Trade and International Policy Arrangement Overview	投资、贸易与国际化政策安排的一般考察
1997	Transnational Corporation, Market Structure and Competition Policy	跨国公司、市场结构和竞争政策
1998	Trends and Determinants	趋势与决定因素
1999	Foreign Direct Investment and the Challenge of Development	对外直接投资与发展的挑战
2000	Cross - border Mergers and Acquisitions and Development	跨境并购与发展
2001	Promoting Linkages	促进连锁关系
2002	Transnational Corporations and Export Competitiveness	跨国公司与出口竞争力
2003	FDI Policies for Development: National and International Perspectives	作为促进发展的对外直接投资政策：国内与国际的透析
2004	The Shift Towards Services	转向服务业

资料来源：UNCTAD 历年《世界投资报告》。②

事实上，20 世纪 80 年代以来，由于新技术革命不断深入发展，高新技术产业迅速在世界范围内兴起，技术密集型产业和服务业形成了庞大的国际需求与国际市场，国际直接投资向服务业投资变化的速度加快。1975 年，发达国家初级

①② 裴长洪. 论中国进入利用外资新阶段——“十一五”时期利用外资的战略思考 [J]. 中国工业经济，2005 (1).

产业、第二产业和服务业的对外投资存量分别为580亿美元、1030亿美元、680亿美元，分别占对外投资总量的25.3%、45%、29.7%。而到了1997年，各产业的对外投资存量都大幅增加，分别为2850亿美元、10670亿美元、17670亿美元，但各个产业的增加幅度差异很大，如1990～1997年，初级产业的年均增长率仅为8.6%，第二产业为9.75%，服务业最高，达到13.7%，比初级产业高5.1个百分点。到了1997年，初级产业、第二产业和服务业的对外投资存量占总存量的比重分别变为9.1%，34.2%和56.7%，[①] 初级产业和第二产业所占的比重大幅度下降。根据联合国专家估算，1990～2002年，全世界制造业的FDI流入存量增长了2.03倍，其中发达国家和发展中国家分别增长1.46倍和3.81倍；而同期全世界服务业的FDI流入存量增长了3.60倍，其中发达国家和发展中国家分别增长2.99倍和5.74倍。[②] 这种流量结构变化使服务业成为吸引国际直接投资的主要领域。

2004年《世界投资报告》的统计也显示，2001～2002年，服务业占到整体FDI流入总量的2/3，约为5000亿美元，而在1989～1991年仅占44%；服务业在国际直接投资存量中的比重由20世纪70年代初期的1/4、90年代的不到一半发展到2002年的60%，约4万亿美元，表明服务业已经取代制造业，成为FDI结构中的主流。而在同一时期，初级部门在FDI存量中的比重由9%下降到6%，制造业的降幅更大，由42%降至34%。[③] 从2004年《世界投资报告》中不难看出服务业在国际直接投资中比重不断上升的势头。

就中国而言，从20世纪80年代初到21世纪初的20多年间，中国利用外资，特别是利用外商直接投资已经达到了当初最主要的既定目标，即利用境外资金和海外市场，加速经济增长并扩大经济规模。从未来趋势看，虽然利用外资仍然具有推动经济增长的强劲作用，但随着国际投资方向和结构的变化，以及中国国内经济主要矛盾的变化，利用外资的其他作用和功能将逐渐增加，中国经济对利用外资的需求也将逐渐发生变化，服务业吸引国际直接投资的比重将会不断提高。[④]

根据“全球500大公司在华投资企业概览”[⑤] 的统计资料，全球500大公司

---

① 联合国贸发会议.1999年世界投资报告：外国直接投资与发展的挑战［M］.北京：中国财政经济出版社，2000.

② 裴长洪.中国服务业发展报告No.4：中国服务业的对外开放与发展［M］.北京：社会科学文献出版社，2005.

③ 联合国贸发会议.2004年世界投资报告［M］.北京：中国财政经济出版社，2005.

④ 裴长洪.论中国进入利用外资新阶段——“十一五”时期利用外资的战略思考［J］.中国工业经济，2005（1）.

⑤ 王志乐.2005跨国公司在中国报告［M］.北京：中国经济出版社，2005.

1983~2003年在中国投资设立的企业，按行业属性划分，有这样两种发展趋势，一是服务业跨国公司进入中国的数量越来越多。全球500强企业Wal-Mart Stores从1994年3月开始进入中国至2003年4月，共在中国设立了各类分支机构43家，其中大部分设立于2000年之后。Citigroup 1990~2003年共在中国设立各种分支机构10家，其中大部分也是设立于2000年之后。其他诸如商业服务、金融保险、电信、软件、高技术研发、运输等行业的投资企业在跨国公司在华设立的企业中所占比重也越来越高。二是在非服务业跨国公司在华设立的企业中，从事商业、金融保险、资产管理、研发、咨询、技术培训等服务业务的越来越多，如Exxon Mobil、Royal Dutch/Shell、General Motor、Ford Motor、Daimler Chrysler等都设立有上述分支机构；有些公司甚至将研发、销售中心迁到了中国，把中国作为其全球业务的研发、销售服务中心。

国际直接投资转向服务业不是偶然的。根据配第—克拉克定理，经济进步的一般规律是“劳动人口由农业转移到制造业，再由制造业转移到商业和服务业”。可见，当经济发展到一定程度时，服务业将在经济结构中处于主体地位，进而吸引更多的投资。当今发达国家服务业在GDP以及就业中所占比重普遍提高的现象就是例证。西方大多数学者认为，服务业在GDP以及就业中所占比重提高的现象是一种具有普遍意义的社会转型①，他们认为在经历了工业化进程后，高度发达的国家进入一个以服务业为主的新的社会经济结构是社会经济发展的一个必然结果。当今世界的国际直接投资是由发达国家主导的，发达国家的经济结构必然影响国际直接投资的产业结构。由于服务业已经成为当今发达国家的主导产业，所以国际直接投资转向服务业也是必然的。

从国际直接投资的产业构成与发展经验来看，国际直接投资的产业结构存在一定的演化规律：在起步阶段，投资主要集中在较为低级的产业，很多是从资源开发开始的；随着世界产业结构的高级化、国家整体竞争力的增强、企业经营管理能力的增强、对世界市场的熟悉等，国际直接投资就会发生由低级产业向高级产业的转移。根据有关分析，目前在国际分工比较发达的制造业中，产品在生产过程中停留的时间只占其全部循环过程的不到5%，而处在流通领域的时间要占95%以上；产品在制造过程中的增值部分不到产品价格的40%，60%以上的增值发生在服务领域。因此，服务业已经成为提供就业的主要行业，成为产业结构优化的主导行业，成为经济增长的重要支柱行业。服务业能否提供低成本、高效率的分销服务、金融服务，以及会计、审计、法律服务等，已成为判断产业结构水平高低和产业竞争力强弱的重要指标。经济发展的直接结果是服务业在经济构成

① 比较著名的观点有贝尔（1974）的“后工业社会”和福克斯（1968）的“服务经济”。

中的比重越来越高，所以国际直接投资转向服务业是必然的。

从国际产业转移的现实角度看，自20世纪90年代末以来，国际产业转移呈现出向服务业转移的特点和趋势。世界银行的统计资料显示，20世纪50～80年代，国际产业转移主要以初级产品加工和原材料为主，并且主要是由发达国家向发展中国家单向进行转移。进入20世纪90年代以后，国际产业转移不仅由发达国家向发展中国家进行，也由发展中国家向发达国家和次发达国家进行，并且其重心开始由原材料工业向加工工业、由初级工业向高附加值工业、由传统工业向新兴工业、由制造业向服务业转移，其中金融、保险、旅游和咨询等服务业和资本技术密集型产业（信息、电子产业）是当前国际产业转移的重点领域。

2. 全球服务贸易快速发展

20世纪90年代以来，全球服务贸易额呈现持续增长的趋势。服务贸易总额占全球贸易总额的比重从1980年的15.7%上升到2008年的18%。从1980年到2008年，全球服务贸易出口额从3650亿美元扩大到37313亿美元，其间增长了10倍以上。[①] 1980～2008年全球服务贸易发展状况如表2－2所示。

表2－2　1980～2008年全球服务贸易发展状况

项目	金额（亿美元）			年增长率（%）								
	1980年	2000年	2008年	2000年	2001年	2002年	2003年	2004年	2005年	2006年	2007年	2008年
出口	3650	14928	37313	6.2	0.35	7.3	14.6	20	10.9	10.6	19	11
进口	4024	14766	34690	6.5	1.2	5.9	14	18.9	10.6	10.3	16	11

资料来源：WTO International Trade Statistics Database.

随着经济全球化进程的不断加快和服务业成为国际转移的重点，服务全球化成为近年来经济全球化进程中最鲜明的特征和最直接的表现。服务的生产、消费和相关生产要素的配置跨越国界流动，各国服务业相互渗透、相互融合、相互依存，使得服务全球化趋势不断增强。[②]

尽管受到2007～2008年发生的全球性金融危机的影响，2008年世界服务贸易未能延续2007年的快速增长态势，但从中长期来看，金融危机并没有从根本上改变全球服务业转移和服务贸易发展的大趋势。过去20多年中，许多新兴服务行业从制造业中分离出来，形成独立的服务行业。其中，技术、信息、知识密集型服务行业发展最快，其他如金融、运输、管理咨询等服务行业，也借助先进

① WTO国际贸易统计数据库（WTO Internaitonal Trade Statisties Database）统计数据。

② 江小涓等．服务全球化与服务外包：现状、趋势及理论分析［M］．北京：人民出版社，2008.

的技术手段，在全世界范围内迅速扩展。相应地，服务贸易的交易内容日趋扩大，其结构和竞争格局也发生了很大变化，服务贸易也逐渐由以劳动密集型为基础的传统服务贸易向以知识、技术密集型为基础的现代服务贸易转变。在服务贸易三大类别（即运输、旅游和其他商务服务[①]）中，其他商务服务是贸易额最大、增长最快的类别。1980 年，运输、旅游和其他商务服务三大类别占世界服务出口总额的比重分别为 36.8%、28.4% 和 34.8%。2008 年，运输、旅游和其他商务服务三大类别占世界服务出口总额的比重分别为 23.4%、25.4% 和 51.2%。[②] 这一结构性变化如表 2－3 所示。

表 2－3 全球服务贸易部门构成

项目	出口额（亿美元）	比重（%）		进口额（亿美元）	比重（%）	
	2008 年	1980 年	2008 年	2008 年	1980 年	2008 年
全球服务贸易总额	37313	100	100	34690	100	100
其中：运输服务	8727	36.8	23.4	10367	41.7	29.9
旅游服务	9472	28.4	25.4	8505	26.9	24.5
其他商务服务	19114	34.8	51.2	15818	31.4	45.6

资料来源：WTO International Trade Statistics Database.

我们有理由相信，在世界贸易组织《服务贸易总协定》不断发挥作用的情况下，服务贸易的逐步自由化必将进一步促进国际服务贸易的发展。

3. 国际服务外包兴起

国际产业转移是世界范围内产业升级与经济全球化共同作用的结果，近年来，国际产业转移的重心向服务业调整，服务业国际投资规模日益扩大，国际服务外包不断兴起，在全球范围内掀起了一场以服务外包为主的国际服务业转移浪潮，国际服务外包与服务业 FDI 成为承接国际服务业转移的两种主要形式。先进的信息技术与通信技术的广泛应用与成本的下降，使得国际服务外包对越来越多的厂商来说更为可行。发达国家企业将新型的高技术产业和服务业中低附加值的业务环节外包给成本具有比较优势的发展中国家的企业。国际服务外包已经成为未来国际服务业转移的一个重要趋势。[③]

① 其他商务服务（Other Commercial Services）主要包括通信、建筑、保险、金融、计算机和信息、专利、版税和许可证费用、咨询、会计、法律、广告及文体娱乐服务等。

② 殷凤．开放服务经济与中国的实践［M］．北京：经济管理出版社，2010.

③ 赵鸿．国际服务外包：运行机制与效应研究［D］．上海社会科学院博士学位论文，2007.

从实践来看，在世界范围内，30年前大部分FDI集中于自然资源与制造业，现在的FDI大约一半的存量与2/3的流量集中于金融、电信、物流、专业服务等。2003年，美国仅呼叫中心及数据输入工作的外包金额就已高达773.8亿美元，全球制药服务外包业务达3500亿美元。据联合国贸发会议的统计数据显示，全球跨国直接投资已从制造业外包为主转向服务业外包为主，服务业外包成为跨国投资的主要引擎，预计未来几年全球软件与服务外包市场将以30%～40%的速度递增，2004年、2005年、2007年总值分别达到3000亿美元、5850亿美元和1.2万亿美元。① 作为一种全新的商务模式和服务产业转移的重要表现方式，全球服务外包的发展势头非常迅猛，交易规模越来越大。

从服务外包的国别分布来看，世界上的大部分外包业务都发生在发达国家之间。美国、欧盟和日本等发达国家是主要的发包国，而爱尔兰、加拿大和以色列则是主要的承接国。爱尔兰在信息技术方面的全球服务外包市场中处于领先地位，占有25%的市场份额。印度也是重要的服务外包承接国家，2004年仅软件出口与对外发包就达到了173亿美元。中国、东南亚国家以及东欧也正在成长为重要的服务外包东道国。具体到中国的情况，随着中国加入WTO，服务业开放的承诺逐渐兑现，又恰逢世界服务产业转移的潮流，中国承接服务业转移将达到一个高潮。尽管与印度等国相比，中国在承接国际服务外包方面起步较晚，但中国在市场规模、人才储备、生产成本、基础设施、配套能力、发展潜力方面有很大优势。以软件外包为例，2005年中国软件外包市场获得高达55.6%的增长速度，市场收入达到9.3亿美元，且这一市场仍将继续保持强劲的增长态势，2005～2010年年均复合增长率为41.2%。②

来自《2011年全球服务外包发展报告》的数据也显示，2005年全球服务外包市场规模达到6000多亿美元，2006年达到8600亿美元，2007年达到1.2万亿美元。即使是在全球金融危机中，2008年全球服务外包依然保持了平稳增长，其中，国际服务外包发展迅速，以超过20%的速度增长。服务外包的业务内容和形式日趋多样化，加快了全球服务外包市场规模的扩张。2010年，全球服务外包行业已经逐步摆脱了经济危机对其产生的消极影响，正处于产业恢复和快速发展时期。印度2010财年信息技术和业务流程外包行业出口额达到570亿美元，比上一财年增加15%，该行业国内市场营业额为7750亿卢比，增幅为17%。英国外包市场从2004年到2009年增长了36%，未来10年仅仅在IT领域的外包业务将增长6倍。同时，2010年第四季度的TPI指数显示，2010年全球服务外包的年度收益达到931亿美元，同比增长了2%，五年复合增长率达到了5.1%；

① 联合国贸发会议网站，http://www.unctad.org，2009-05-25.

② 中国外包网，http://www.macase.cn，2010-06-26.

仅2010年第四季度全球服务外包市场合同总值就达到216亿美元，环比增长了30%。[①]

印度和爱尔兰作为国际上承接服务外包最发达的国家，它们发展服务外包的成功经验是，建设密集型的服务外包基地，通过整合人力、物力、财力等多方面资源，充分发挥区域优势，形成合力，从而增强外包产业的整体竞争力，逐渐达到快速形成品牌的目的。因此，借鉴印度和爱尔兰的经验，以若干有条件的城市为中心，有效地聚集区域优势，形成区域特色，应该成为我国承接服务外包的路径选择。中国国家商务部会同信息产业部和科技部于2006年上半年开始酝酿、实施的服务外包"千百十工程"，就是我国政府重视和扶持服务外包基地建设的重要举措。"千百十工程"的目标是："十一五"期间，在全国建设10个具有一定国际竞争力的服务外包基地城市，推动100家世界著名跨国公司将其服务外包业务转移到我国，培养1000家取得国际资质、具有发展潜力的优秀服务外包企业，全方位承接国际服务外包业务。商务部也已与国家开发银行、中国出口信用保险公司签订了促进我国服务外包发展合作框架协议。根据协议，国家开发银行在五年内，为服务外包产业的发展提供总额50亿元的政策性贷款，中国出口信用保险公司将为服务外包企业提供融资担保和信用保险服务。目前，我国的服务外包基地建设已经发展成为服务外包示范城市建设。截至2011年，我国确立的服务外包示范城市共有北京、天津、上海、重庆、广州、深圳、武汉、大连、南京、成都、济南、西安、哈尔滨、杭州、合肥、长沙、南昌、苏州、大庆、无锡、厦门21个。

为了更好地发展服务外包，我国国务院、有关部委和地方政府出台了诸多政策。这些政策主要有：商务部转发《国务院办公厅关于促进服务外包产业发展问题的复函》（商资函〔2009〕4号）；《国务院办公厅关于促进服务外包产业发展问题的复函》（国办函〔2009〕9号）；《国务院办公厅秘书局关于落实促进服务外包产业发展政策措施工作分工的函》（国办秘函〔2009〕16号）；《财政部、国家税务总局、商务部、科技部、国家发展和改革委员会关于技术先进型服务企业有关税收政策问题的通知》（财税〔2009〕63号）；《人力资源和社会保障部、商务部关于服务外包企业实行特殊工时制度有关问题的通知》（人社部发〔2009〕36号）；《财政部、商务部关于做好2009年度支持承接国际服务外包业务发展资金管理工作的通知》（财企〔2009〕44号）；《商务部办公厅关于中西部等地区国家级经济技术开发区服务外包基础设施项目享受中央财政贴息政策的通知》（商办资函〔2009〕81号）；《工业和信息化部关于支持服务外包示范城

① 郑雄伟．2011年全球服务外包发展报告［EB/OL］．http：//cn.chinagate.cn/indepths/waibao/2011－05/23/.

市国际通信发展的指导意见》（工信部电管〔2009〕107 号）；《教育部、商务部关于加强服务外包人才培养促进高校毕业生就业工作的若干意见》（教高〔2009〕5 号），等等。地方政府尤其是服务外包示范城市也出台了相应的政策措施。无论国务院、有关部委，还是地方政府出台的政策措施，都对我国服务外包发展起到了积极的推动作用。

二、服务外包兴起和发展的原因

1. 全球竞争的加剧

逐渐加剧的全球经济竞争在很大程度上推动了中国软件外包的不断发展。自 20 世纪 70 年代以后，企业不再像第二次世界大战前后时期那样面向国内市场，而是面对着一个急剧变化的全球市场，随之而来的则是越来越高的顾客需求、越来越多的竞争对手以及越来越短的产品生命周期。企业在全球经济一体化的发展态势及竞争压力下，不得不变更业务流程，重组战略性资源，通过采取服务外包等形式在竞争激烈的环境中求得生存与发展。在面临激烈的竞争时，以跨国公司为核心的企业投资大大促进了国际服务外包的发展。

（1）发包国对低成本的追逐。当前，发达国家在全球寻找低成本的承接方是其提升竞争力的一个途径。由于人力成本占软件开发成本的比重为 75% 左右，因此成本降低的关键在于降低人力资本的成本。发达国家通过对发展中国家软件行业廉价劳动力的利用，使得企业的软件开发成本缩减，这正是国际软件业务外包急剧发展的原因。在一些发展中国家如中国、印度等，其工资水平与美国有着很大的差异。同一个软件工程师在美国的小时工资是印度的 10 倍，美国的软件开发人员的平均年薪与印度和中国相比也是悬殊很大，在一些欧美国家 IT 专家的工资甚至每年以超过 60% 的速度增长，对于这样庞大的工资压力，欧美企业不得不开展服务外包。另外，低赋税引起的成本节约也是促进国际服务外包发展的一个原因。例如，由于德国和斯洛文尼亚收入税相差悬殊，德国就可以向低收入税的斯洛文尼亚转移非核心业务。在企业内部提供软件服务的过程中，有可能会出现难以确定成本和效率的问题。外包则可以避免这类情况，使得成本得以清晰界定，实现成本的可预期。

从交易成本的角度看，有些学者认为国际服务外包的成本要综合囊括直接生产成本和在寻找外包伙伴及执行合同等过程中产生的交易成本。当节约的生产成本远高于增加的交易成本时，总成本就会得到很大程度的缩减，国际服务外包才会体现出应有的价值。通常来说，软件的外包会增加商业风险，如沟通风险、侵犯知识产权、泄露商业机密等，并额外产生经营耗费，如选择软件服务方、传递需求分析、控制软件外包风险等，因此，软件服务外包需要更加谨慎。

（2）发包国对自身效率的提升。大部分国际服务外包企业将业务外包出去是为了降低成本，自己经营的业务是为了提升品质。追求低成本是发达国家向低成本国家发包业务的初始原因，当业务逐渐展开后，经营目标慢慢转移至革新知识和提升效率上。效率提升的根源集中在两个方面：一是对大部分非 IT 企业来说，其核心业务优势并不在软件开发上面，即使在一些软件开发企业的内部，其核心业务也是位于高端环节，并非处于劳动力密集、技术含量低等低端环节，所以，很多软件企业依旧会向承包方外包这些业务；二是基于外包工作标准化的特性，服务承包方通常有专业的手法使其工作能够保质保量、高效地完成，达到既提升竞争能力又提升产品效益的双重目的。除此之外，比起发达国家的 IT 人员，在承包国进行外包工作，其员工的工资待遇会更高，在工作岗位上就会表现得更为优秀。

2. 信息技术、科技网络的快速发展

随着电信、网络等信息科技迅速发展，经济社会处理、掌握和传播信息的能力也不断提升。这些基础设施的飞速发展为国际服务外包产业的模式更新提供了基础。

（1）科技进步使诸多服务成为可贸易产品。随着科学技术和交通运输的不断发展，外包的成本慢慢降低。由于服务产品逐渐被标准化，在通过电子技术进行长途传输时仍然能够保持较高质量，因此贸易品及非贸易品之间的界限不再明显，可贸易品的范围逐渐扩大。另外，伴随着科技的进步，新型的、逐渐细分的、模块化和数字化的服务贸易体系正在形成，为国际服务外包和异地服务提供了技术条件，也为服务变为可贸易品提供了便利条件。

（2）信息科技大大降低了交易成本。互联网的核心价值在于提供低成本的接入数据。技术水平的革新不再以规模经济为主导，而是通过降低电信服务的成本使产业呈现出垂直分工和积极竞争的状态。现阶段，优良的电信服务保证了软件等服务行业跨境交易的顺利实施，也降低了交易的成本，进而促进了国际服务外包的发展。

3. 政府及国际组织的积极态度

（1）接包方政策的吸引力。20 世纪 90 年代，由于信息科技的不断发展与进步，计算机技术在经济社会发展中起到了越来越重要的作用，并推动了国际软件市场的不断扩大。随着发达国家相关专业人才短缺的日益加剧，拥有高素质劳动力的发展中国家在国际软件行业市场上具有了发挥作用的机会。由于跨国公司的离岸外包业务能为发展中国家带来更多的商品出口机会和就业渠道，跨国产业的投资还能为发展中国家引入先进的技术支持，因此，很多东道国都通过一些优惠的税收及信贷政策条款，鼓励跨国公司先进技术的转移，并在当地设立分支研究机构。近几年，一些发展中国家通过培养优良的人力资源、完善配套基础设施、建造研究机构等来增加对跨国公司前来投资的吸引力，进而带动服务外包产业的发展。

（2）国际组织的助推作用。世界贸易组织、联合国贸易和发展会议等国际组织都对国际服务外包的发展制定了不同的促进政策和措施，这些组织同样也对国际服务外包的进一步发展产生着巨大的影响。

服务外包发展除了取决于以上几个基本因素外，还要满足以下条件：其一，服务产品的国际标准化程度。如果缺乏或不执行国际化的标准，那么服务贸易合同就很难达成。即使有合同，由于缺乏标准，也难以分包给国外的服务承包商，合同也无法执行和检查。服务的国际标准化程度越高、越统一，服务外包选择的余地就越大，发展的空间就越广阔。其二，法律构架应尽可能一致或接近。服务外包会涉及金融、贸易、文化、教育等方面的法律、法规。各国的法规不同，必然妨碍服务外包的发展。要解决这个问题，首先要依靠 WTO 制定有关条例，各国政府也要加强协商和沟通。其三，语言（英语）水平高低。印度、菲律宾等国的服务外包之所以发展快，与当地的英语水平高有很大的关系。英语是网络上的主要用语，也是服务外包方面的主要用语，它在相当大的程度上影响甚至决定服务外包的发展。其四，基础设施尤其是电信设施的完备程度。如果说标准、法律和语言属于软件，那么基础设施则是硬件。网络、计算机、电话、传真等是发展服务外包的必要条件，而这些条件的实现程度在根本上取决于电信设备的完善程度。①

三、当代服务外包的表现形式

（一）信息技术外包引领潮流

信息技术外包（Information Technology Outsourcing，ITO）是指企业专注于自己的核心业务，而将其 IT 系统的全部或部分外包给专业的信息技术服务公司。

① 杨圣明. 关于服务外包问题［J］. 中国社会科学院研究生院学报，2006（6）.

企业以长期合同的方式委托信息技术服务商向企业提供部分或全部的信息功能。常见的信息技术外包涉及信息技术设备的引进和维护、通信网络的管理、数据中心的运作、信息系统的开发和维护、备份和灾难恢复、信息技术培训等。

自从计算机进入商业应用领域，各种形式的信息技术外包就一直存在，但是直到20世纪末期信息技术外包服务才盛行起来。服务外包使组织具备了应对快速变化的全球经济所必需的灵活性，同时它也使组织在竞争激烈的市场环境中能将精力集中于组织的核心竞争力上。外包商通常在规模经济、经验以及对最新技术的掌握等方面具有明显的优势，而这些优势是单个组织的信息技术部门所难以企及的。2010年，《哈佛商业评论》将外包称为过去75年人类产生的最重要的管理思想之一。赵楠（2007）认为，服务外包的滥觞与发展改变的不仅是管理，更为重要的是它将改变人类的整个生产和生活方式。

自从柯达公司于1989年将其信息技术的主要业务外包以来，信息技术外包产业得到蓬勃发展。随着信息网络时代的到来，外包更得到了迅猛的发展。据美国《财富》杂志1998年7月20日的一则报道披露，全世界年收入5000万美元以上的公司都普遍开展了业务外包。邓百氏公司的《1998年全球业务外包研究报告》表明，全球营业额5000万美元以上的公司1998年业务外包的开支上升了27%，比1997年23%的升幅又有提高；1998年全世界业务外包的总开支增加至2350亿美元。其中信息技术应用服务外包的支出占企业所有业务外包开支的比重最大，据意大利的一项调查显示，信息技术外包占所有业务外包服务开支的大约28%，几乎每一家实行业务外包的公司都将其信息技术的某些职能外包出去了。美国著名的管理学家彼德·德鲁克（1994）曾经预言，“在10～15年之内，任何企业中仅作后台支持而不创造营业额的工作都应该外包出去，任何不提供向高级发展的机会和活动、业务也应该采用外包的形式”。

外包赋予了组织应对快速变化的全球经济所必需的灵活性，同时它也使组织在竞争激烈的市场环境中能将精力集中于组织的核心竞争力上。企业可能因为许多不同的原因而外包其信息技术需求，如伴随着全球化的市场收缩和产品生产周期的缩短，企业不得不经常调整它们的总体目标，这种情况下，市场就会迫使企业采取信息技术外包来提高竞争力。这样，企业能及时对市场变化做出反应，并且经常性地更新软件。还有的企业内部缺乏专门的信息技术人才，它们将外包作为一种切实可行的替代，以便能够及时获取介绍和发展新技术的专门技术。

随着信息技术服务外包的发展，其外包方法也日益多样化。根据不同的划分方式，信息技术外包可以划分为不同的类型。

1. 按照信息技术外包的程度可以将信息技术外包划分为整体性外包和选择性外包两种类型

整体性外包是指将 IT 职能的 80% 或更多外包给外包商；选择性外包是指几个有选择的信息技术职能的外包，外包数量少于整体的 80%。整体性外包牵涉的范围很广，风险大，往往要持续很长的时间（通常超过五年），而且整体性外包的用户必须花费大量的时间、精力和资金来分析外包交易并与外包商洽谈合同。另外，整体性外包可能会导致信息技术灵活性的大幅度削弱，所以任何组织选择整体性外包时都必须慎重。

2. 根据客户与外包商建立的外包关系可以将信息技术外包划分为市场关系型外包、中间关系型外包和伙伴关系型外包三种类型

罗伯特·克莱普尔和温德尔·琼斯在其《信息系统、技术和服务的外包》一书中将外包合同关系视为一个连续的光谱。其中一端是市场型关系，在这种情况下，组织可以在众多有能力完成任务的外包商中自由选择，合同期相对较短，而且合同期满后，能够在成本很低或不用成本、很少不便或没有不便的情况下，换用另一个外包商完成今后的同类任务。另一端是长期的伙伴关系协议，在这种关系下，组织与同一个外包商反复订立合同，并且建立了长期的互利关系。而占据连续光谱中间范围的关系必须保持或维持合理的协作性，直至主要任务的完成，罗伯特·克莱普尔和温德尔·琼斯将这些关系称为中间关系。由于这是一个连续光谱，有些关系靠近市场关系，有些关系则靠近伙伴关系，而在两端之间的就是中间关系。

这两位学者对以上各种关系的适用性做了分析，他们认为，与外包商建立的关系类型取决于资产专属性、不确定性和续签合同的问题。资产专属性是指构成外包交易一部分的资产是与特定外包商的外包协议所特有的，如果交易破裂，资产的生产能力就会削弱。

如果任务可以在相当短的时间内完成，环境变化搅乱需求的概率很小，而且没有什么真正的资产专属性，这样就可以订立一份规定了所有偶发事件的合同，此时，市场关系型外包是适当的选择。

如果外包任务需要花费一些时间来完成，环境的变化可能改变需求，以及存在某些资产专属性，但是任务完成后，维持与外包商的关系没有任何特殊优势，则中间关系型外包就是适当的选择。

如果完成任务持续的时间较长，相关需求会随着不可预见的环境变化而变化，资产专属性很高，以及与外包商续签合同能够最好地满足需要，这时就应当考虑伙伴关系型外包。在伙伴关系中，赢得另一方回报的信任和互利行为可以获得延续，但管理成本和风险很高，因而伙伴关系带来的收益必须足以抵消这些成

本和风险。例如，用户和外包商共同投资成立公司而建立的长期关系等。

3. 根据战略意图可以把信息技术外包划分为信息系统改进型外包、业务提升型外包和商业开发型外包三种类型

信息系统改进型外包是指组织通过外包提高其核心的信息系统资源的绩效，从而达到其改进信息系统的战略目标。这些目标通常包括节约成本、改进服务质量以及获取新的技术和管理能力等。信息系统改进型外包可以划分为四个层次，即提高资源的生产力、实现技术和技能的升级、引进新的 IT 资源和技能、实现 IT 资源和技能的转换。业务提升型外包的主要目标是通过外包使 IT 资源的配置最有效地提升业务绩效的核心层面。实现这个目标要求组织对其业务以及 IT 与业务流程之间的联系有清晰的认识，同时要具有实施新的系统和应对业务变革的能力。这种形式的外包要求在引进新技术和能力时重点考虑业务因素而不是技术因素。这种形式的外包的有效实施要求双方共同努力开发组织所需补充的技术和能力，而不是对外包商的单纯依赖。业务提升型外包可以划分为四个层次，即更好地整合 IT 资源、开发基于 IT 的新的业务能力、实施基于 IT 的业务变革、实施基于 IT 的业务流程。商业开发型外包是指通过外包为组织产生新的收入和利润或抵消组织的成本，从而提高组织 IT 的投资收益。商业开发型外包可以划分为四个层次，即出售现有的 IT 资产、开发新的 IT 产品和服务、创建新的市场流程和渠道、建立基于 IT 的新业务。

4. 按照价值中心的方法可以将信息技术外包划分为成本中心型外包、服务中心型外包、投资中心型外包和利润中心型外包四种类型

成本中心型外包是指通过 IT 外包在强调运行效率的同时使风险最小化。服务中心型外包是指通过外包在使风险最小化的同时建立基于 IT 的业务能力以支持组织的现行战略。投资中心型外包是指通过 IT 外包使组织对创建新的基于 IT 的业务能力建立长期的目标并给予长期的关注。利润中心型外包是指通过 IT 外包向外部市场提供 IT 服务，从而获得不断增长的收入，并为成为世界级的 IT 组织获得宝贵的经验。

一方面，信息技术外包对想要外包信息技术的企业来讲有以下好处：

（1）资源在商业战略和企业部门中被重新分配，非 IT 业务的投资得到加强，有利于强化企业核心竞争力，获得对市场做出有效反应的能力。

（2）有利于信息技术人才不足的企业获取最好最新的技术，与技术退化有关的难题得到解决。

（3）由于是信息技术厂商提供专业化服务，信息技术服务的效率会得到较大提高，服务的成本也会得到一定的节约。

另一方面，信息技术外包对提供外包业务的信息技术企业来讲有以下好处。

（1）形成外包业务产业，促进信息技术厂商形成分行业的解决方案，有利于一批专业信息技术厂商的成长。

（2）由于规模化经营，能够持续降低信息技术服务的成本，提高服务效率。

（3）外包业务的集中，有利于知识和软件在不同企业间的重复利用，有利于信息技术人员的快速成长。

信息技术外包也存在一些难以规避的缺点。从长远的战略角度来看，信息技术外包的主要缺点有以下几个方面：

（1）当外包服务不再受公司的控制时，则失去了灵活性，企业就无法根据环境的改变做出迅速的反应。

（2）外包增加了成本，很难更换外包服务商或回到企业由内部供应。

（3）供应商在质量和服务方面也有可能存在一定风险，即外包服务商提供的质量和服务能否令人满意。虽然在很多情况下企业与外包服务商会有一个服务级别协议，但要在协议上明确每一方的义务是难以实现的。

虽然国外有关信息技术外包的理论和实践已经较为成熟，但是由于各国的文化背景及市场状况迥然不同，各个企业之间的情况也存在着种种差异，国外的理论和经验还必须与中国的现实和实践相结合，所以必须对适合中国企业和现实的信息技术外包的理论和方法进行进一步的研究。信息社会是学习和创新的社会，随着经济的全球化和电子商务更加务实的发展以及电子政务的积极推进，研究和探索信息技术的外包有着广阔的理论意义和实践价值。

（二）商务流程外包后来居上

商务流程外包（Business Process Outsourcing，BPO）指将本方商务流程中的部分或全部的非核心流程交由另一方操作。通过将部分或全部管理及运营中的流程转移到服务商，可以将公司有限的资源从非核心业务中解放出来，集中到核心业务上，从而提高流程自动化的能力。

商务流程外包在世界范围，特别是在发展中国家的扩展，是由于IT技术在这些国家得到了发展，以及发达国家和地区（主要是美国、欧洲和日本）企业以较低价格外包非核心业务职能的需求增多。例如，一家美国公司在本土做一个项目需要花费100万美元，但是在其他地区外包只需要5万美元，所以就把这些业务给那些服务提供商来完成，这就是BPO逻辑的核心。

BPO是发展中国家软件企业壮大的机遇，它不仅为软件企业带来成长空间，更重要的是能够促使软件企业工程化、规范化，从而迅速提高企业乃至产业竞争力。BPO市场增长空间巨大，是块诱人的蛋糕。据市场研究公司Gartner统计，自1999年以来，全球BPO市场的年增长率平均为23%，成为IT外包中增长最迅速的业务，2004 年全球 BPO 服务市场总收入达到 3000 亿美元。IDC 的报告则指出，BPO 市场 2008 年增长到 6825 亿美元，混合年增长率为 11%。

在美国和欧洲，假如把一些工作进行外包，可以节省成本达 60% ~70%，而质量不会受到影响。BPO 服务的提供涉及金融、保险、医疗、人力资源、抵押、信用卡、资产管理、顾客照料以及销售和营销等领域。中国软件企业大都是通过系统集成获得了第一桶金。

商务流程外包使发包企业更专注于核心业务。外包协会进行的一项研究显示，外包协议使企事业单位节省 9% 的成本，而能力与质量则上升了 15%。外包解放了公司的财务资本，使之用于可取得最大利润回报的活动。商务流程外包使一些新的经营业务得以实现。一些小公司和刚起步的公司可因外包大量运营职能而获得全球性的飞速增长。一方面，有效的外包行为增强了企业的竞争力。企业在管理系统实施过程中，把那些非核心的部门或业务外包给相应的专业公司，能大量节省成本，有利于高效管理。例如，一个生产企业，如果为了原材料及产品运输而组织一个车队，在以下两个方面其成本会大大增加：一是管理成本增加，因为它在运输领域不具备管理经验；二是因管理不善，运输环节严重影响生产和销售环节的工作，从而导致生产和销售环节的成本增加。如果把运输业务外包给专业的运输企业，则可以大幅度降低上述成本。另一方面，企业也因市场竞争的激烈面临巨大的挑战。市场竞争的加剧，使专注自己的核心业务成为了企业最重要的生存法则之一。因此，商务流程外包以其有效降低成本、增强企业的核心竞争力等特性成了越来越多企业采取的一项重要的商业措施。尤其是在经济不景气时，企业会裁掉一些非核心业务部门，这往往是不得已而为之，负面影响很大，团队的稳定性、额外支出等都会受到影响；但如果一开始这些非核心业务就是外包给专业的组织去做，那么损失一定会减到最小。

（三）知识流程外包初露端倪

知识流程外包（Knowledge Process Outsourcing，KPO）是围绕对业务诀窍的需求而建立起来的外包业务，指把通过广泛利用全球数据库以及监管机构等获取的信息，经过即时、综合的分析研究，最终将报告呈现给客户，作为决策的借鉴。KPO 的流程可以简单归纳为：获取数据—进行研究、加工—销售给咨询公司、研究公司或终端客户。知识流程外包业务主要涉及知识密集程度较高的专业领域。

相比较传统的业务流程外包（如 ITO、BPO），KPO 将基于本领域内的流程外包从而使企业获得高附加值，因此提升了传统的 ITO 或 BPO 基于成本所带来的利益。KPO 的核心是通过提供业务专业知识而不是流程专业知识来为客户创造价值。KPO 将业务从简单的"标准过程"执行演变成要求高级分析和技巧的技术以及准确的判断过程。

随着全球业务竞争的加剧，产品和服务引入的周期越来越短，顾客对提供的服务质量越来越苛求。这些都要求企业采取的体系和商业模式不仅能实现操作的高效，而且能为产品和服务增加战略价值。

KPO 服务使企业缩短了从设计到市场的导入时间；可以有效管理关键硬件；提供有关市场、竞争情况、产品和服务的研究；提升组织在业务管理方面的有效性；帮助快速处理预想的业务场景。最后，不同于传统的 ITO 或 BPO 解决方案的通用和固定价格，优秀的高端流程解决方案提供客户定制服务并采取不同的价格，客户定制提升了 KPO 中的价值成分。

据统计，传统外包服务（ITO 和 BPO）全球业务从 2003 财政年度的 77 亿美元增长到 2010 财政年度的 398 亿美元，累积年增长率为 26%。相比较，同期 KPO 外包服务全球业务的收入从 2003 财政年度的 12 亿美元增长到 2010 财政年度的 170 亿美元，累积年增长率为 46%。

中国软件和信息服务业的发展为开展知识流程外包奠定了基础。2006 年，中国软件与信息服务业规模达到 4800 亿元，增长 22.9%。其中，软件与信息服务/软件出口总额 60.6 亿美元，同比增长 68.8%。依托 11 个服务外包基地和国家六大软件出口基地（北京、上海、天津、深圳、西安、成都），中国服务外包产业发展迅速，服务外包/软件出口集群已经形成，服务外包层次不断提升，服务外包价值链从低端向中高端转移，利润率也有所提升，吸引了全球软件外包市场的目光，进入成熟化、规模化发展阶段。但总体来看，中国的软件产业仍以国内软件市场需求为主，以出口外包为辅，但软件出口外包和商务流程外包（BPO）市场潜力巨大。

赛迪顾问（中国电子信息产业发展研究院，CCID）发布的 2005 ~ 2006 年中国软件外包服务市场研究报告显示，2006 年中国软件外包服务市场规模达到 14.3 亿美元，较上年同比增长 55.4%。2006 年，中国软件与服务外包产业取得了快速发展，一方面得益于国家对发展软件外包产业的支持力度日益加大，另一方面是由于中国软件企业正在快速融入世界经济一体化新的产业分工链条之中，并已经将发展软件外包作为企业的战略选择。

KPO 领域可能的服务项目包括：知识产权研究，股票、金融和保险研究，数据研究、整合和管理，分析学和数据挖掘服务，人力资源管理和信息服务，业务和市场研究（包括竞争情报），工程和设计服务，设计、动画制作和模拟服务，辅助律师的内容和服务，医学内容和服务，远程教育和出版，医药和生物技术，研发（IT 和非 IT 领域），网络管理，决策支持系统（DSS）等。

知识产权研究。向美国专利商标局申请专利权非常昂贵，一般要花费 10000 ~ 15000 美元。而一个离岸目的地的知识产权专家能够起草专利权申请的基本草稿，然后在提交前由美国的在册专利律师修改。即使只是离岸外包专利权起草流程中的小部分内容，也能节省总费用的 50%（相对最终客户）。知识产权资产管理、技术领域知识产权前景规划、知识产权授权使用、知识产权摘要和知识产权商业化服务是其他一些能够以同样方式离岸外包的服务。这些服务不仅能适用于专利，也适用于商标、著作权和其他知识产权。一些美国的法律公司已经开始在印度设立后端中心，而其他一些公司则和印度本地公司联手合作以达到相同的目的。

医药和生物科技。合同研发机构已经被医药公司广泛采用。这个行业中的其他一些新兴领域包括产品导入优化和制造过程的提高也已经出现，并呈现出强劲的发展势头。

作为离岸外包目的地，印度在合同研发外包和临床试验方面具有非常显著的成本优势，基本只有 40% ~ 60%。近期，一些公司，如英国阿斯利康公司和日本川崎汽船株式会社已经在低成本目的地设立了药物发现中心以离岸外包它们的研发活动。

分析和数据挖掘服务。通过离岸外包数据挖掘、分析，以及将数据仓库放到低工资国家，美国公司能显著节约成本达 60% ~ 70%；需求和渠道规划、制造安排和运输规划是一些供应链管理解决方案的例子，这些解决方案要求数学设计、统计分析和计算机辅助模拟的应用。俄罗斯和印度是这些服务理想的目的地，这些国家以非常低的成本提供了大量的工程师储备甚至是博士。一个科学与工程类博士在美国和印度（或者俄罗斯）的成本差能达到 60000 万 ~ 80000 万美元。KPO 为外包业务中的所有各方提供了众多机会。然而，其发展过程仍然充满挑战。

因为客户的高度关注，在 KPO 的流程中对执行要求更高的质量。而且，客户可能担心所提供服务的质量（特别是考虑到这些服务是由低成本目的地提供的这个事实），这种担忧是比较难克服的。在一些案例中，对于 KPO 基础设施的预期投入要比 BPO 高。例如，公司进行模拟和有限要素分析的业务就要求投入高端工作站，而如果仅仅是进行简单的数据收集、排序和分析工作，可能只要求投入一般的资金。类似地，合同研发机构可能要求更多的资金；缺乏好的人才储备来执行项目被证明可能是对许多国家最常见的障碍；KPO 项目要求更高层次的控制、保密性和强化的风险管理。任何部分的懈怠不仅将会危害所提供的 KPO 服务，而且可能影响整个由客户主导的流程；与传统的 BPO 服务相比，等比例放大 KPO 的操作将是困难的，主要是由于难以找到受过高等培训的专业人士；开展KPO业务的公司面临的最大挑战是雇用到最好的人才和给予这些专业人士以持续的培训。另一个KPO管理的主要挑战是“绩效标准”的确认。这涉及为最终客户和专业人士设立正确的期望、持续评估和监督、建设性的反馈、合适的指导和监督以及公司专业人士合适的职业发展路径的确认。

（四）服务外包企业脱颖而出[①]

过去10多年出现了一批业务定位具有鲜明特点的国际化新型企业，它们既不同于传统的以品牌商品制造为核心并围绕这些产品生产而兼营服务的制造业厂商，也不同于在不同服务业提供终端服务产品的传统服务业企业，而是不同程度地以提供服务外包作为核心业务的厂商，这构成服务外包兴起的标志之一。它们有的已经建立起全球闻名的服务品牌竞争力，有的甚至已在某些细分的全球性市场中出现了相当集中的寡头结构（卢锋，2007）。[②]

IBM转型提供了这类企业出现和成长的典型案例。这个曾经是计算机和IT硬件行业的全球龙头企业，随着行业竞争环境演变，在20世纪80年代后期面临严峻挑战，90年代初亏损高达80亿美元，股票市值下降3/4，PC机在国际市场被挤出前三名，主打产品大型计算主机也面临市场低迷困境。1993年3月，郭士纳先生出任新总裁后锐意改革，把经营重点从制造业转向服务业、从硬件产品转向附加值更高的软件和系统产品。经过10多年业务转型，IBM已从一个制造业公司转变为服务型公司，服务外包在业务结构中占据重要地位。[③] 据业内估计，IBM的IT服务外包2002年占全球IT外包市场的22%，外包业务收入高达153亿美元。加上电子数据系统公司、计算机科学公司和富士通公司，四家企业占据全球IT外包市场近一半份额。[④]

印度软件外包巨头如TATA、Infosys、Wipro等，则提供了发展中国家软件和服务外包企业快速成长的典型案例。这些企业大规模涉足软件服务外包不过10

① 卢锋．服务外包经济学分析：产品内分工视角——兼论我国承接国际服务外包问题［R］．北京大学中国经济研究中心讨论稿系列No. C2007011，2007－07－10.

② 这类新型服务提供商与传统专业性服务企业虽有某些类似，但是仍然有相互区别的特征。例如，软件外包服务提供商可能在并非采用合伙制或特许连锁经营体制的情况下，达到雇用数以千计员工的规模。有的IT服务商还尝试采用类似于出租物品的方式提供服务。如设立在天津的与IBM合资的企业蓝泰科技已经推出“随需供应”（Supply on Demand）的经营模式，针对中小企业设计标准化服务套餐，以便客户可以像购买水、电、燃气一样按标准单位数量购买投入性服务。

③ 2004年底最终浮出水面的IBM向联想出售PC业务的事实表明，这个曾经是计算机等硬件制造领域的龙头企业，已基本完成从“大象”转为在“利润率更高的高端服务器和IT服务”领域“跳舞”的过程，服务外包是这个“舞者”的拿手好戏。

④ 2015～2020年中国服务外包行业深度调研与投资前景研究报告［EB/OL］．http：//www.bosidata.com/qtzzh1502/5012851u0H. html.

多年历史，但是在这一领域已经确立了全球知名的品牌，服务年出口额达到十几亿美元。这些印度明星企业在软件外包领域的相对地位，大体与电子产品制造业旭电（Solectron）、伟创力（Flextronics）、天鸿（Celestica）等大型 OEM 巨头厂商类似。凭借范围经济效应和知名品牌优势，这些印度企业正在雄心勃勃地向与软件密切相关的流程服务外包领域扩张。

在服务流程外包领域也已涌现出一批全球知名的专业服务提供商，其共同特点是承揽其他企业特别是大企业的某些服务流程。Gartner（2002a）对流程服务外包商进行了分类，其中包括“纯商务流程外包服务提供商”（Pure－Play BPO Vendors），特点是“从 BPO 中得到所有收入”，这类企业往往具有某个流程的综合知识和视野，能够提供分段或整体服务，通过并购和合伙制来扩大产能①。另外有“流程专业提供商”（Process Specialists），特点是被业内公认为在某些特殊流程上具有专门能力。②

（五）全球化趋势日益加强

服务外包及其伴随的服务全球化，作为“推平世界”的重要经济力量，对改变全球经济版图与格局正在产生深远的影响。第一，服务外包兴起正在改写经济学关于服务是不可贸易产品的传统定义，推动服务生产方式“可贸易性革命”（Tradability Revolution）进程（UNCTAD，2004）。第二，服务外包往往通过或伴随物品国际流动来实现，因而，服务外包扩张本身也会带动物品贸易增长。第三，服务外包往往通过跨国公司海外投资，并直接利用国外具有比较优势的人力资源，如发达国家到发展中国家设立的呼叫中心、研发中心等，甚至印度外包巨头也到发达国家设立类似中心，推动了外商直接投资增长和结构演变。第四，服务外包促进了信息和人员流动以及思想和观念交流，这些过程伴随的制度和政策演变，构成推进经济全球化进程的积极变量。

然而分工和交换深化都是“双刃剑”，它在提升资源配置效率的同时，也会给社会带来调整压力和阵痛。服务外包及其在经济和社会层面的反响，是有关经济全球化争论的最新议题。对整个经济带来利益的变化，对特定个体可能会带来调节成本，因而未必是好事。服务外包作为经济全球化进程的一个方面，必然只能在思想交锋和利益整合碰撞的过程中求得发展。如果说制造业外包主要涉及普

① 如 Accenture 与 British Telocom 于 2000 年联合组建的 E－PeopleServe，总部在美国加利福尼亚州 Irvine 的 Exult，主要为美国和英国大企业提供人力资源管理的外包服务；Xchanging 总部在伦敦，提供 HR 服务并同时兼营财务会计和采购外包服务。

② 如 ADP 在工资支付、Spherion 在行政服务、Ryder 在物流服务方面是著名的服务外包商。这类服务外包行业的市场集中度差别很大，如工资支付外包服务领域被几家服务提供商控制，但是在雇用招聘人员服务外包领域则有数以百计的规模较小的企业。

通蓝领的工作职位转移，服务外包则使得传统上难以跨国流动的白领工作职位也出现全球性重组。虽然目前这类工作转移在绝对数量上还比较有限，然而在美国等发达国家已经引起广泛关注，成为经济全球化争论的新议题。①

一些企业界人士、经济学家、咨询分析机构、政府高官和顾问倾向于从积极角度看待服务外包，认为国际服务外包是一种不可逆转的积极趋势。美国的曼昆教授认为，来源于服务业等新贸易形式的收益，与传统货物贸易收益没什么两样；网上贸易或电话贸易的收益与有形商品贸易的收益也没什么区别。HP 的 CEO Carly Fiorina 先生甚至尖锐地指出，“美国人天生应有工作职位的状况已不复存在。现在情况是，其他国家的人们正在创造出新的技能，以竞争传统上由美国人担任的工作机会。我们不应假设他们不会努力赢取这一竞争。但是，我们应当努力维持美国一直拥有的地位：全世界最善于应变的、最具有创新性、最具有生产率的国家”（Vashistha 和 Vashistha，2005）。

英国工商业联盟前主席琼斯认为，外包事关企业“生死大计”。向海外转移工作机会利大于弊，其有助于提高工人的技能，促进经济增长，促进产出，增加利润。只要英国经济健康和良好发展，IT 专业人才应该有更多的工作机会。在企业成长的过程中，很少出现采用外包会导致人员过剩的现象，那些在逐渐萎缩或停滞不前的企业里工作的人才才会面临失去工作的风险（GOR，2007）。哥伦比亚大学国际经济学教授 Jagdish Bhagwati 指出，“我们从中获利，但是获利程度比不上穷困，对于这些国家（外包机遇）带来的是重大突破”（Vashistha 和 Vashistha，2005）。

著名咨询公司麦肯锡 2003 年 8 月发表的一份研究报告指出，美国在外包上每花费 1 美元能带来 1.12 ~ 1.14 美元的收益。报告结论是，“美国不仅有能力承受这一变动，而且有能力比离岸外包减少工作更快速度地创造新工作。有关外包的争论具有误导性。离岸外包为美国公司和消费者创造财富因而对美国整体有利，因而企业愿意呼应这一潮流。……离岸外包不仅实现了此前已经存在的财富，而且还为美国经济创造出此前并不存在的净的新财富”（Vashistha 和 Vashistha，2005）。另一家咨询公司科尔尼在外包研究专题报告中也指出，离岸外包和生产网络化在向外转移工作的同时，也为美国这样的国家创造了新工作。“根据美国统计部门调查，1990 ~ 2000 年，外国公司在美国分支机构的员工总数提高了 35%，达到 640 万人。如今工作在纽约的德国和日本银行的金融服务人员，北卡罗来纳州和亚拉巴马州的 BMW 和 Mercedes - Benz 工厂的汽车工人，与印度的程序员一样获得了外包到海外的工作机会。事实上，来自印度及其他地区的海外

① 卢锋．服务外包经济学分析：产品内分工视角——兼论我国承接国际服务外包问题［R］．北京大学中国经济研究中心讨论稿系列 No. C2007011，2007 - 07 - 10.

服务提供者正在北美创造工作并购买产品和服务”①。

另一方面，行业工会领导人、议员和政治家、大众媒体评论员以及另外一些研究人员把服务外包看作坏事。他们大声疾呼：“数以百计（美国）公司通过把美国的工作外包到成本低廉的国家来出卖美国工人。”2004 年大选的民主党候选人 John Kerry 在竞选中提议要求企业事先公开宣布任何把工作转移到海外的计划。德国施密特总理批评外包企业“不爱国”。美国最大工会之一“美国电信职工联盟”（The Communication Workers of America）代表在 2004 年“世界外包峰会”（The Outsourcing Word Summit）会场外抗议与会代表“可耻”，呼吁“停止外包”（Corbett，2004a）。凡此种种，都昭示着服务外包的发展进程并非一帆风顺。

① 科尔尼．亚洲成离岸服务首选目的地[EB/OL]. http：//finance. ifeng. com/a/20140916/13119117_ 0. shtml.

第三章　国际产业转移的路径与服务外包

国际产业转移是指产业通过商品或资本流动在国家或地区之间的转移。国际产业转移的发生受国际经济环境的影响，是国际经济环境变化的结果。长期以来，随着国际经济环境，尤其是国际产业结构调整、技术研发和国际投资方式的不断变化，国际产业转移也发生着相应的演进。对国际产业转移的产业选择、技术路径和投资方式的变化趋势进行考察，从中发现其规律，无疑有助于我国更好地承接国际产业转移和发展服务外包。

一、国际产业转移的产业演进规律：由初级产业领域向服务业领域转变

国际产业转移的真正启动发生在19世纪后期。[①] 这一时期，交通运输条件的改善，第三世界铁路建设的兴起和第二次产业革命后工业先行国对橡胶、铜、石油、铝矾土等工业原材料的大量需求，使得工业先行国与第三世界在国际分工中的地位开始分化，从而引起制成品与初级产品之间的国际分工。因此，这一时期的国际产业转移主要发生在初级品与制成品之间。

国际产业转移的大规模开展发生在第二次世界大战以后。[②] 20世纪50年代，随着西欧的复兴、日本的崛起，欧洲、美国、日本等发达国家和地区相继进入了工业化的中后期；同时，大批殖民地实现独立且其工业化开始起步。受这些因素影响，发达国家开始以国际直接投资的方式将劳动密集型的产业转移到东亚、拉美等国家和地区，后者通过吸收发达国家转移的生产能力，迅速实现了

① 阿瑟·刘易斯．国际经济秩序的演变［M］．北京：商务印书馆，1984.

② 吕政．国际产业转移与中国制造业发展［M］．北京：经济科学出版社，2006.

工业化，逐步成长为新兴工业化国家。这一时期的国际产业转移已由初级产品领域拓展至工业制成品领域；不仅在结构上逐步升级，而且结构升迁的周期明显缩短。①

20 世纪 90 年代以来，随着世界经济环境的变化，当前的国际产业转移呈现出一些新的趋势，服务业投资成为国际产业转移中的新热点。1990 ~ 2002 年，全世界制造业的国际直接投资流入存量增长了 2. 03 倍，而同期全世界服务业的国际直接投资流入存量则增长了 3. 60 倍。这种流量结构的变化说明服务业已经成为国际产业转移的主要领域。②

二、国际产业转移的技术路径：从垄断技术、标准化技术、边际技术到技术研发

20 世纪 60 年代，国际产业转移的技术无论在母国还是在东道国都具有垄断性特征。而这种垄断技术一般有两个来源：一是实施国际产业转移的企业拥有核心资产的垄断优势，而这种优势主要包括工艺或设计专利、专有技术、商标和牌号、市场营销技巧以及使产品差异化的能力等；③ 二是对具有垄断性的知识资本的占有和使用。④

20 世纪 70 年代，国际产业转移的技术状况发生了变化，向外转移的技术是在母国已经成熟的或者标准化了的技术。R. Vernon 的产品生命周期理论是这一时期研究国际产业转移的代表成果。他以 20 世纪 70 年代美国跨国公司的对外投资行为为考察对象，很好地解释了第二次世界大战后到 20 世纪 70 年代国际产业转移的技术含量的变化。该理论从技术演进的角度把产品生命周期划分为技术创新产品、技术成熟产品和技术标准化产品三个阶段，并认为对外直接投资和跨国化是产品（技术）生命周期特定阶段演进的结果。在新产品阶段，也就是技术创新阶段，生产一般在国内进行，此时只有出口贸易而不会出现对外投资。当进

① R. E. Caves. Multinational Enterprise and Economic Analysis ［M］. Cambridge University Press, Cambridge, 1982.

② 2004 年的《世界投资报告》以“转向服务业”作为副标题，正是对当前国际产业转移趋势的一个很好的概括。

③ H. G. Johnson. Comparative Cost and Commercial Policy Theory for a Developing World Economy ［M］. Wicksell Lectuers, Stockholm: Almqvist & Wicksell, 1968.

④ R. Vernon, International Investment and International Trade in the Product Cycle ［J］. Quarterly Journal of Economics, 1966 (80).

入成熟阶段后，由于产品定型，国外需求增加，以及仿制品或替代品出现，降低生产技术就开始成为生产者主要考虑的因素，因此，生产者开始对外直接投资，并把生产转移到其他成本较低的国家。在最后一个阶段，即标准化阶段，产品的生产技术和知识已经在国际范围内扩散，产品完全标准化，新的加入者不断增加，市场竞争日益激烈，此时竞争的焦点集中于价格，因此，劳动力成本以及接近原料市场成为生产区位选择的决定因素，于是，生产者开始大规模投资于具有低成本优势的发展中国家。①

尽管20世纪70年代国际产业转移的技术是标准化技术，但这种标准化的技术无论在母国还是在东道国仍然具有一定的比较优势。但是，到了20世纪80年代，以日本跨国公司为推动力的国际产业转移的技术特征完全失去了垄断甚至比较优势，向外转移的技术是国内处于比较劣势（即将被淘汰）的边际技术。K. Kojima的边际产业扩张理论对这种现象进行了很好的解释。K. Kojima通过对日本企业20世纪70~80年代的对外投资活动进行考察发现，对外直接投资是从母国已经处于或即将处于比较劣势的产业部门（即边际产业部门）开始依次进行的，而这些产业部门正是在东道国具有明显或潜在比较优势的部门；对外直接投资可以使东道国因缺乏先进技术等条件而没有显现出来的潜在比较优势显现出来，并被充分利用。因此，投资母国对外直接投资的技术应该是在国内已经或即将被淘汰的技术，即边际技术。边际产业扩张理论也从一个侧面说明了20世纪80年代对外直接投资中的技术大都是投资母国的边际技术。

上述国际产业转移中的技术，无论是垄断技术、标准化技术，还是边际技术，一个共同点就是跨国公司在母国研发，然后对外进行技术投资。然而，20世纪90年代以来，随着经济全球化趋势的迅猛发展和国际竞争的日趋激烈，国际产业转移的技术路径也发生了重要变化，由原来在母国研发然后进行对外技术投资的组织形式开始向直接在东道国从事研发转变。Robert D. Pearce的国际产品周期理论②，J. H. Dunning的国际生产理论③，Kuemmerle W. 的技术开发与技术增长理论④，

① K. Kojima. Direct Foreign Investment [M]. New York, Praeger, 1978.

② Robert D. Pearce. Decentralised R&D and Strategic Competitiveness, Globalised Approached to Generation and Use of Technology in Multinational Enterprise [J]. Research Policy, 1999 (28).

③ J. H. Dunning. Globalization Technological Change and the Spatial Organization of Economic Activity. In Alfred D. Chandler. Peter Hagstrom and Orjan Solvell Ed: The Dynamic Firm [M]. New York, NY: Oxford University Press, 1998.

④ Kuemmerle W. Budlding Effective R&D Capabilities Abroad [J]. Harvard Businiss Review, March - April, 1997.

Robert D. Pearce①、Cheng J. 和 Bolon D. ②、Ove Granstrand③ 等的研发分散与集中理论，Manuel G. 、Serapio Jr. 和 Donald H. Dalton 的辅助资产理论④，都是对这种现象进行深入探讨后的理论总结，从而也说明了 20 世纪 90 年代研发投资已成为国际产业转移的主流。

三、国际产业转移的投资路径：从直接投资到服务外包

国际产业转移是经济全球化的主要载体。由于国际产业转移的内容不同，经济全球化被划分为第一次全球化和第二次全球化。⑤ 以制造业作为转移内容、以对外直接投资作为投资方式的全球化被称为第一次全球化；以服务业作为转移内容、以外包作为投资方式的全球化被称为第二次全球化。

第一次经济全球化发生在 20 世纪 50 年代至 90 年代。这一时期研究国际产业转移的理论包括垄断优势理论、产品生命周期理论、内部化理论、比较优势理论、国际生产折衷理论等，可以看出，在第一次经济全球化过程中，以制造业为主要内容的国际产业转移的最适合方式是对外直接投资。

20 世纪 90 年代末以来，第二次经济全球化迅速发展。这一时期国际产业转移的特点是，跨国公司将非核心的服务环节，如后勤、财务、寻呼中心、研究开发、软件设计、经营管理、金融财务分析、办公支持、售后服务等，外化为一个投资项目或专业服务公司后再外包出去。服务外包转移加快体现在服务业利用外资迅速占据主导地位上。20 世纪 70 年代初，服务业仅占世界外国直接投资存量的 1/4，90 年代还不到一半，而 2002 年已上升到 60% 左右，同期制造业占世界外国直接投资存量的比重则由 42% 降至 34% 。从流量看，现在每年服务业约占全部外国直接投资的 2/3。全球项目外包市场每年以 20% 的速度递增，2004 年已

① Robert D. Pearce. The Internationalization of Research and Development by Multinational Enterprises [M]. New York, NY: St. Martin' s Press, 1989.

② Cheng J. and Bolon D. The Management of Multinational R&D: A Neglected Topic in International Business Research [J] . Journal of International Business Studies, 1993 (24).

③ Ove Granstrand. Internationalization of Corporate R&D: A Study of Japanese and Swedish Corporations [J]. Research Policy, 1999 (28).

④ Manuel G. , Serapio Jr. , Donald H. Dalton. Globalization of Industrial R&D: An Examination of Foreign Driect Investment in R&D in the United States [J] . Research Policy, 1999 (28).

⑤ 刘伊玲. “外包”决定产业张力——国务院研究室副主任江小涓谈服务业发展新趋势 [J] . 中国经济信息，2005 (13) .

达到6.3万亿美元。这一时期，欧美企业生产外包规模年增长率达到35%，越来越多的跨国公司通过外包将生产基地转移到发展中国家，如可口可乐、松下、西门子、飞利浦等。这说明，跨国公司将非核心制造环节外包给那些具有专业能力的外部供应商，然后通过外购获得这些产品成为国际产业转移的新兴主流方式。[①]

Richard J. Newman 在分析了美国和印度两国之间的工作岗位出口后指出，“用不着具有经济学学位的人就能看出，美国 21 世纪的主要出口之一是工作岗位”。[②] 微软主席比尔·盖茨宣布，2006 年该公司在印度的工人队伍比过去扩大一倍，达到7000 人，投资 17 亿美元。IBM 2006 年至少增加了 10000 名印度员工，到2006 年底，员工增加到 50000 名以上。Accenture、EDS 和其他咨询公司紧随其后。据 Forrester 研究所估计，到 2015 年，美国将有 330 万个岗位出口到海外。随着岗位出口趋势的成熟，美国企业将把越来越多的白领工作（如会计、药物研究、技术研发，甚至卡通制作）都外包出去。同时，印度的大型离岸企业如塔塔咨询服务公司、Wipro 技术公司和 Infosys 公司等开始在美国招募工人。Richard J. Newman 的研究显示了这样一种趋势：不仅外包越来越成为美国实施国际产业转移的主要方式，而且这种方式日益向分工的深度和广度延伸。向分工的深度延伸体现在外包已经开始由传统的价值链具体到工作岗位；而向分工的广度延伸则体现在不仅发达国家向发展中国家外包业务，发展中国家也开始向发达国家外包业务。

服务外包之所以越来越成为国际产业转移的主要方式，主要有以下两个方面的原因：

一是服务资本的独立化为服务外包提供了可能性。在传统资本分工中，服务资本是依附于其他形式资本的。20 世纪 90 年代以来，随着信息技术的飞跃发展和全球化趋势的加深，以及跨国公司全球化经营战略发生新的调整，企业内部的分工继续深化，服务资本进一步从产业资本中分离出来；在信息技术迅速普及的其他领域，服务资本也不断从工商资本、财政资本、金融资本中分离出来。[③] 服务资本的日益独立化，使服务外包即服务业的跨国转移成为当今世界产业转移的新现象和新领域，具有强大的生命力和发展前景。

二是服务外包能够为企业带来竞争优势。公司仅仅通过将其现有的商业流程与服务从劳动力昂贵的本国照原样搬到劳动力便宜的国家和地区，就能够省下数

---

① 原小能．国际产业转移的基本规律及趋势分析［J］．上海经济研究，2004（2）．

② ［美］Richard J. Newman. 外包：企业离岸外迁的新趋势［J］．鲁洁译．美国新闻与世界报道，2006（1）．

③ 裴长洪．吸引外商直接投资与产业结构优化升级——“十一五”时期利用外资政策目标的思考［J］．中国工业经济，2006（1）．

十亿美元的成本。通过外包而节约下来的大量资金则可被投资到企业的关键部门以提升企业的核心竞争力。这样，通过将非核心业务进行外包，企业既避免了不必要的投资，节约了成本，减小了企业发展的资金压力，也降低了在竞争中面临的风险。同时，将部分业务外包给专门从事该项业务的外包服务商，不仅能节省费用，还能提高效率，从而增强企业的竞争力。这主要是因为专业的外包服务商既有专业经验，又有规模优势，而且服务及时，无需烦琐冗长的准备就能高效率地完成企业亟须完成的各项工作，起到立竿见影的效果。[①]

四、跨国公司与国际服务外包

滥觞于20世纪末期的跨国公司归核化战略，促使跨国公司纷纷对公司的战略环节重新进行定位，通过选取企业价值链中的核心环节，将资源集中于最能反映企业相对优势的领域，构筑自己的竞争优势，而将非核心业务进行外包。[②] 服务外包不仅成为跨国公司的战略选择，同时为那些寻求服务业发展的国家提供了难得的机遇。以美国和日本为代表的发达国家成为跨国公司向外进行服务外包的主要国家，而以印度和中国为代表的发展中国家则成为承接跨国公司服务外包的主要国家。

跨国公司开展服务外包主要是基于对经济、市场、技术等外部因素和交易成本、企业竞争力、价值链、企业风险等内部因素的考虑，最终目的是为了增加公司收益。实施归核化战略，确定本企业的核心业务，将非核心业务外包给服务提供商，服务提供商通过互联网向企业提交所完成的服务项目，这是跨国公司开展服务外包的基本运行线路。其中，最为关键的环节是确定核心业务、寻找外包业务承接商。确定核心业务是为了确定公司的经营方向，寻找外包业务承接商是为了保证公司归核化战略的顺利实施和公司利润的最大化。目前，跨国公司开展的服务外包业务主要是信息技术服务外包和商务流程服务外包，这两项业务占跨国公司服务外包业务额的70%左右，未来几年知识流程外包在服务外包业务中的比重将会大幅度提高，信息技术服务外包、商务流程服务外包和知识流程服务外包三种业务形式并重的局面将会逐步形成。

跨国公司服务外包之所以能够成为国际服务外包的主要载体，是由跨国公司的性质决定的。众所周知，跨国公司的业务本身就分布在多个国家，其业务内容

① 原小能．国际产业转移的基本规律及趋势分析［J］．上海经济研究，2004（2）．

② 张华．跨国公司服务外包的机制研究［D］．中国海洋大学硕士学位论文，2008.

也涵盖服务外包的所有形式，因此，国际服务外包的发展与跨国公司相结合，既是“天作之合”，又是“互为因果”。服务外包一旦借助跨国公司这一载体，势必会大大提高其发展速度，而跨国公司借由国际服务外包则会加快其归核化战略的实施和更有效地寻求外包承接商。事实上，从国际服务外包业务全球分布图也可以看出，凡是拥有跨国公司多、承接国际投资多的国家，一般国际服务外包业务也开展得比较早、比较成熟。美国、日本、欧盟如此，中国、印度、东欧亦如此。

中国是承接跨国公司服务外包比较多的国家。由于中国改革开放 30 多年来一直注重利用外资，制定了诸多优惠政策，所以，在中国投资的跨国公司也比较多，世界 500 强公司基本在中国都有投资，这就为中国利用跨国公司开展国际服务外包业务提供了基础条件。2006 年，中国“千百十”服务外包工程提出“推动 100 家世界著名跨国公司将其服务外包业务转移到中国”，之后跨国公司服务外包业务在中国不断提升，以“2015 年中国服务外包跨国企业前十名”① 为例，可以管窥跨国公司服务外包在中国发展的质量和程度。具体如下：

汇丰环球营运中心（中国）。成立于 1996 年，是汇丰集团在全球设立的首家环球营运中心，总体规模名列汇丰 21 个环球营运中心的第二位。在广州、上海和佛山拥有四个环球营运中心，为汇丰集团世界各地的分支机构提供营运支援服务。

花旗金融信息服务（中国）有限公司。成立于 2002 年，是花旗集团在华建立的全资子公司。作为中国首批从事金融离岸外包服务的企业，花旗金融信息致力于为全球 60 多个国家及地区的花旗业务部门提供软件技术支持及金融服务。

TCS。2002 年，TCS 引领印度 IT 行业率先进入中国市场。作为首家在中国开展业务的印度外包龙头企业，TCS 十分了解中国市场，并自始至终都在促进中国信息技术行业的发展和成熟。

路通世纪。成立于 2006 年 5 月，是汤森路透集团在中国设立的全资子公司，承担着 Eikon、Elektron 等集团主要产品的开发与运营。致力于将专业知识与创新科技相结合，为金融市场及风险管理、税务与会计等领域的专业人士和决策者提供重要的信息。

安永全球商务服务（大连）有限公司。成立于 2009 年 6 月 19 日，是安永的全球成员之一，也是安永在华投资的第一家全球共享服务中心。公司为安永亚太区 19 个国家和地区提供财务、人力资源、IT 及其他服务。

埃森哲。一家全球领先的专业服务公司。作为《财富》全球 500 强企业之

① http://tech.comnews.cn/kjzt/2015-09-24/136041.html.

一，埃森哲全球员工逾33.6万人，为遍布120多个国家的客户提供战略、咨询、数字、技术以及运营服务。在截至2014年8月31日的财政年度，埃森哲全球净收入达300亿美元。

印孚瑟斯。提供咨询、技术、外包和下一代服务解决方案的全球领军企业。印孚瑟斯（中国）是印孚瑟斯全资子公司，为中国本土客户提供商业及技术咨询、应用开发、系统集成、产品工程、定制软件开发、系统维护、工程再造、独立验证测试、IT基础设施服务和业务流程外包等广泛的服务。

广州三星通信技术研究有限公司。从事移动通信技术研究开发、软件产品开发以及相关的电子信息技术转让、技术咨询、技术服务，是承接韩国三星电子世界级手机研发的中国首个实用型手机研发机构。

IBM中国客户创新中心。1999年在上海成立，为全球客户提供业务咨询、系统集成、应用软件开发及测试和管理、解决方案管理、业务流程转型外包和IT基础架构外包服务等。

微软（中国）有限公司。作为软件、设备与服务和解决方案领域的领先企业，微软公司自1975年成立以来，一直致力于为全世界用户创造新的机遇、价值和体验。始终把“持续创新”和“扎根中国”作为发展战略和长期承诺，致力于把创新的技术带到中国的每一个角落。

同时，通过“2015年中国服务外包领军企业TOP10”① 的业务范围，也可以看出中国服务外包企业的业务中跨国业务所占的比重。

文思海辉技术有限公司。值得信赖的咨询与科技服务提供商，公司拥有超强的全球运营能力、严格的质量标准和高效的交付流程，致力于成为全球企业“新时代的合作伙伴”。文思海辉一直致力于为全球客户提供世界领先的商业/IT咨询、解决方案以及外包服务，客户涵盖众多财富500强企业及大中型中国企业。

江苏省通信服务有限公司。是中国通信服务股份有限公司在江苏投资组建的全资子公司，也是我国通信行业第一家在海外上市的生产性服务类央企。公司业务范围涵盖通信工程一体化建设、建筑工程服务与智能化、智慧城市与行业信息化、节能减排产品与服务、企业管理系统与应用软件开发、互联网增值服务、ICT服务等多项专业领域。

药明康德新药开发有限公司。全球领先的制药、生物技术以及医疗器械研发开放式能力和技术平台公司，在中美两国均有运营实体。作为一家以研究为首任，以客户为中心的公司，药明康德向全球制药公司、生物技术公司以及医疗器械公司提供一系列全方位的实验室研发、研究生产服务。

① http://tech.comnews.cn/kjzt/2015-09-24/136040.html.

软通动力。作为中国智慧城市与产业互联网（互联网+）建设的领导者、领先的创新型技术服务提供商，软通动力立足中国，服务全球。公司主营业务涵盖智慧业务与信息技术服务两大领域，具备端到端“软件+服务”综合业务能力和强大的纵深服务优势。

中软国际有限公司。是中国大型综合性软件与信息服务企业，提供从咨询、解决方案、技术服务到IT人才培养的“端到端”软件及信息服务，目前已经覆盖政府、制造流通、金融银行、保险证券、移动应用、电信、高科技、公用事业、能源等多个行业。

佰钧成。佰钧成是华中地区规模最大的服务外包供应商，总部位于武汉。成立以来充分发挥武汉的人才、科教和地域优势，在短短几年里迅速成长为IBM、HP、华为、Google、Microsoft等全球著名企业的外包合作伙伴。公司以“创造价值，承诺必达”为宗旨，致力于帮助客户提升核心价值。

博彦科技股份有限公司。亚洲领先的全方位IT咨询、服务及行业解决方案提供商，具备全球范围的交付能力和灵活多样的交付方式。专注于领先的全方位IT服务及行业解决方案，与全球500强企业和行业新锐公司成功合作，积累了丰富的经验。

浙大网新。浙大网新是以浙江大学领先综合应用学科为依托的信息技术咨询与服务集团。2014年公司主营业务收入47.05亿元，拥有员工5616名。公司在北京、东京、纽约等地拥有一流的软件开发和交付基地，分支机构遍布全球39个城市。

浪潮集团。浪潮是中国领先的云计算、大数据服务商。业务涵盖系统与技术、软件与服务、半导体三大产业群组，为全球50多个国家和地区提供IT产品和服务，全方位满足政府与企业的信息化需求。

大连华信计算机技术股份有限公司。成立于1996年5月，是一家面向全球客户提供领先的应用软件产品、信息服务及行业解决方案的供应商。市场覆盖中国、日本、美国、中亚、南亚等国家和地区的政府及公共事业、金融、医疗卫生等各行业领域，在国内住房公积金、银行IC卡领域的市场占有率为第一。

第四章　我国承接服务外包的现状和存在的问题

改革开放30多年来，中国在参与国际制造业产品内分工领域表现出色，制造业利用外资取得了巨大成功。然而，在当今世界，如何利用服务外包促进我国经济持续发展成了一个具有全局意义的重要实践课题。2007年国务院发布加快发展服务业第7号文件，指出我国将大力发展国内服务外包与承接国际服务外包。国内和国际两类服务外包相互联系和影响，然而在投入要素组合、发展制约条件以及政策配合方面又各自具有特征属性和差异性要求。本章我们就从我国承接服务外包的历史过程入手，考察我国承接国际服务外包存在的问题。

一、我国承接国际服务外包的历程

国际服务外包是当代经济全球化发展进程中出现的新现象，人们对其经济性质和意义认识会有一个过程；不同国家经济发展的主客观条件存在差异，对这一现象的认识方式和时间迟早也有所不同。依据有关资料和业内人士访谈所了解的有限信息，卢锋（2007a）认为从有关政策设计和国内企业及行业发展大势观察，可以把我国承接国际服务外包的演变过程分为三个阶段。①

第一阶段是萌芽和探索阶段。20世纪90年代，大体是少数官员和企业家初步意识到软件服务外包这一现象，并在政策和企业实践层面进行初步探索，然而有关议程尚未进入决策优先考虑的层面。据有关信息显示，1991年曾培炎任机电部副部长时访问印度，回国后提出可以借鉴印度经验建设软件园，这应是我国

① 卢锋．服务外包经济学分析：产品内分工视角——兼论我国承接国际服务外包问题［R］．北京大学中国经济研究中心讨论稿系列No. C2007011，2007－07－10.

高层官员对服务全球化新动向的最早反应。[①] 1991 年，机电部计算机司等部门针对我国建立软件园的设想召集有关专家进行论证并做出积极判断。国家计划部门同意进入上报审批程序。最初计划建立三个软件园，并由国家对每个软件园提供 1 亿元无息贷款资助，同时要求地方政府提供配套资金。一个原定在深圳，后来据说主要由于地方土地供应困难未能到位，结果转移到珠海。另一个建在北京，也因为没有配套政策而在一段时期挂在某个企业下面。1992 年上海要求参与这一计划建立浦东软件园。该项目 1992 年进入上报程序，1996 年被国家计划部门批准，1999 年落实无息贷款扶持资金，前后几乎贯穿整个 20 世纪 90 年代。我国珠海、浦东等地软件园的成立推动国内一些企业开始尝试发展承接软件外包业务，例如，东北大学与外资合作建立的东软集团，是较早进行软件和服务外包探索的企业，也是比较突出的成功案例。

第二阶段是发展和认知阶段。大体在世纪之交前后 5 ~ 6 年，随着我国改革开放的进一步深化和世界经济一体化的进一步发展，我国对服务外包的认识也从原来的探索期进入认知期。这一时期的认识和政策调整特点是，将软件产业发展确立为国家优先行业，不过承接国际服务外包仍未能得到足够重视。随着以 IT 技术革命和信息化为突出标志的新经济的兴起，大力发展软件产业成为学术界和决策界的共识，以参与软件生产国际分工为重要内容的印度经验得到更多关注。与国家利用信息化促进工业化的指导方针相一致，2000 年和 2002 年国务院先后出台两个有关软件行业的文件[②]，对我国软件业进入快速发展期发挥了重要的指导和推动作用。[③] 不过，虽然政府有关部门投入了大量资源[④]，还组建了“软件出口联盟”加以推动[⑤]，但政策执行结果仍不尽如人意。据海关数据显示，2005 年计算机系统、支撑、应用和其他等各类软件出口约为 6.5 亿美元，加上可能部分

① 据当时机电部有关官员回忆，曾培炎当时对印度在软件园政策平台上简化技术和管理人员出国手续、集中进行基础设施建设带来集聚效应等方面的情况印象深刻。

② 即业内著名的 18 号和 47 号文件（国务院，2000；国务院，2002）。

③ “我国软件产业步入快车道。2001 ~ 2005 年，我国软件产业规模从 93.6 亿美元增加到 484 亿美元，5 年间翻了两番多，已成为电子信息行业中增长最快的领域之一。”（GOR，2007/2，23 页）

④ 依据国务院 2002 年 47 号文件部署，“十五”期间，中央财政预算内资金向软件产业的投入不少于 40 亿元。其中，电子信息产业发展基金、“863”专项经费、国家科技攻关计划经费、产业技术研究与开发资金、科技型中小企业技术创新基金等可用于软件产业发展的资金，通过调整结构，向软件产业倾斜，集中不少于 30 亿元的资金专项用于软件产业；同时，为了确保软件产业发展目标的实现，体现国家政策的导向和扶持作用，2003 年至 2005 年，中央政府再安排 10 亿元，专项用于支持软件产业发展。

⑤ 研究人员注意到，“从 2000 年开始，中国政府及一些软件公司极力组建‘软件出口联盟’，试图克服规模障碍，但这并非是最佳解决方案。首先，根据管理效率理论，一群独立的公司使用同一个商标并不切实可行。‘软件出口同盟’的模式解决不了滥用商标的问题。同时，统一 IT 外包的质量标准是很困难的，监控机制也存在缺陷”（朱晓明等，2006b）。

包括软件的“机器用激光盘”则接近7.6亿美元。考虑相关统计不够完善，实际出口数量规模还需要进一步研究估计，然而这些情况提示我国软件出口规模很可能未能实现47号文件预设的50亿美元目标。其他计划的目标实现情况也有不够理想之处。

第三阶段是成熟和深化阶段。2005年之后，我国服务外包进入快速发展时期，决策层和学术界对这一问题的认识产生实质性突破，并在政府决策层面得到明确和完整表述，主要表现在以下四个方面：一是中央领导人开始明确指示应当重视发展承接国际服务外包。时任国务院副总理吴仪在2003年6月出席跨国公司投资论坛时指出，“面对成长迅速的外包市场，中国不应满足于成为‘世界制造中心’，而应争取获得较大的市场份额。我们要重视跨国公司服务外包的趋势，积极创造有利环境，探索新方法、尝试新途径吸引外资”；吴仪在2003年7月15日又指出，“要重视跨国集团内部服务业外包的新趋势，积极创造条件，探索新方式，拓展吸收外资的新领域”。二是政府有关部门开始推动承接服务外包。如2004年8月初，大连第二届中国国际软件和信息服务交易会①上，中国、日本、韩国、马来西亚政府高级官员和跨国公司代表发表旨在促进和加强信息领域合作的《大连宣言》，指出“在软件和信息服务产业规模激增的同时，软件和信息服务的全球分工格局也在逐步形成。加强外包业务合作成为各国在软件和信息服务领域合作的重要内容之一。亚太各国政府应继续鼓励各国软件和信息服务企业与行业组织开展合作”；《大连宣言》还决定“以本次会议为起点，就与软件和信息服务国际合作相关的技术转让与开放、市场准入、进口关税、质量认证、知识产权保护、人员培训等议题保持经常性探讨”。2006年商务部启动“千百十工程”，计划未来五年内每年投入不少于1亿元，建设10个左右的服务外包基地，吸引100家左右跨国公司将部分服务外包业务转移到中国，培养1000家左右承接服务外包的企业。三是学术界和业内人士开始更多地重视发展承接服务外包。学术界从以前研究信息技术、金融等行业服务外包，扩展到分析服务外包的整体意义和重要性。四是在中央经济工作大政方针制定时体现服务外包。“十一五规划”纲要指出，要“鼓励外资参与软件开发、跨境外包、物流服务……建设若干服务业外包基地，有序承接国际服务业转移”；2007年3月国务院发布7号文件，提出“把大力发展服务贸易作为转变外贸增长方式、提升对外开放水平的重要内容。把承接国际服务外包作为扩大服务贸易的重点，发挥我国人力资源丰富的优势，积极承接信息管理、数据处理、财会核算、技术研发、工业设计等国际服务外包业务。具备条件的沿海地区和城市要根据自身优势，研究制定鼓励承接

① 这是2003年国务院批准的国内唯一一家国家级软件交易会，由信息产业部、商业部、教育部、国务院东北振兴办、贸促会和辽宁省政府、大连市政府举办。

服务外包的扶持政策，加快培育一批具备国际资质的服务外包企业，形成一批外包产业基地”。

二、我国承接国际服务外包的现状

20 世纪 90 年代以来，全球服务外包市场不断发展，中国凭借广阔的市场空间、丰富的人力资源以及廉价的劳动力成本，服务外包承接业务迅猛发展，取得了显著成就。

1. 承接外包的规模与行业分布

凭借广阔的市场环境和丰富的劳动力资源，中国逐步在世界服务外包市场中站稳脚跟，服务外包市场已初具规模。2006 年，中国服务外包产业收入总额达 118 亿美元，其中 IT 服务外包产业规模为 75.6 亿美元，业务流程外包产业规模达 42.7 亿美元，所承接的离岸服务外包收入约占整体产业的 12.2%，国内服务外包收入占到 87.8%。值得一提的是，中国拥有大量价廉质高的软件工程师，于是凭借这样的成本和技术优势，其在软件外包市场迅速扩张，已一跃成为世界第二大软件外包承接国，并有赶超印度之势。2001～2006 年，中国软件与信息服务业收入的年复合增长率达到 42.3%，相应的软件外包市场规模由 2001 年的 1.8 亿美元增至 2006 年的 14.3 亿美元，五年间增长了近 8 倍。

印度、菲律宾、爱尔兰等国是国际服务外包领域的先行国家，虽然中国在承接服务外包领域已取得了瞩目的成绩，但与它们相比，还存在许多问题：一是中国承接服务外包的规模相对较小，远远落后于印度等国。2007 年印度软件外包产值达 200 亿美元，而中国仅为 25 亿美元，差距非常明显。二是服务外包的内容过分单一，信息技术外包占据主导，而业务流程外包占比较少。从近几年服务外包的行业分布来看，中国承接的主要是信息技术外包，其中最主要的是软件外包，约占中国服务外包市场规模的 50% 以上。与此同时，对于新兴的服务外包业务如金融服务、人力资源、会计、咨询等，中国承接的份额还很小，有待进一步挖掘发展潜力。

2. 发包市场的地域分布

从外包市场构成来看，中国面对的发包方以日韩等邻国为主，欧美等全球主流市场向中国发包的份额较少。据统计数据显示，中国承接国际服务外包的主要市场是日本和韩国，但来自欧美等发达国家的外包项目所占份额正在不断上升。长期以来，凭借地理、文化等方面的优势，中国成为日韩等国服务外包的主要承接国，但随着信息与网络技术的发展，各国的合作与交流更加通畅，国际服务外包市场竞争趋于白热化，中国承接服务外包的市场结构也悄然发生改变。

3. 我国接包市场的地域分布

观察接包市场的地域分布，中国华北、东北和华东地区服务外包承接量占中国承接服务外包市场总量的70%以上，因此，华北、东北和华东地区成为目前国内服务外包的主要承接地。中国东部地区已形成了以上海、北京、深圳、杭州、大连等城市为主的区域外包中心。不同地区之间经济发展程度以及信息技术水平的差异，导致中国服务外包产业地域发展并不均衡。

尽管目前国内接包市场区域分布不够合理，东西部服务外包承接量仍然存在较大差距，但随着服务外包市场环境的不断改善以及政府在该领域的大力鼓励与支持，中国服务外包提供商的地域分布将逐步趋于合理。就目前看来，东软、浙大网新、海辉等具备较高外包业务承接能力，在特定市场具有较强国际竞争力的企业已初步形成，重庆、西安、南京、武汉、成都等二线城市也成长了一批新的专业性外包企业，从而缓解了外包服务商过于集中在深圳、广州、天津、大连等几个主要城市的压力。

三、中国承接服务外包的趋势

中国服务外包承接市场起步时间较晚，服务外包承接业务的发展尚处于初级阶段，但近年来承接业务量显著增加，承接内容愈加多样化，区域分布也更加合理，发展前景广阔。

1. 承接规模日益扩大

中国虽然在承接国际服务外包的过程中还存在许多问题，但未来发展潜力无疑是巨大的，尤其是近年来中国加大对服务外包领域的重视，制定了许多优惠措施，计算机和信息服务业竞争力稳步提升，基础设施得以巩固。中国具有广阔的市场、低廉的成本等优势，将在国际服务外包市场上获得更多的市场份额。综合考虑外包东道国的成本与风险因素后，2005 年全球外包指数印度列第一，中国列第二，而未来外包指数（2015 年）中国名列榜首，将成为世界上最具吸引力的外包提供国。①

① Mark Minevich, Frank Richard. Global Outsourcing Report 2005 [R]. Going Global Ventures Inc., New York Horasis, Geneva, 2005.

2. 承接内容日益丰富，承接业务更加广泛

随着中国承接服务外包领域的不断拓展，承接服务外包的行业会更加广泛，承接服务外包的内容也会更加丰富。除软件外包已具备一定规模外，金融服务、研发、呼叫中心、会计、人力资源等部门的服务外包规模也日益壮大。现阶段，国内金融外包市场集中于 IT 行业，金融行业咨询市场规模增势明显。此外，中国呼叫中心行业从 1998 年开始，已经历了 10 年的发展，目前已初具规模并被应用到多个行业和领域，形成了以北京、上海、深圳、广州等发达城市为中心的呼叫中心外包集中地，2011 年中国呼叫中心市场总额达到了 4.485 亿美元。研发、会计、人力资源等其他行业的外包承接也随市场的深入得以发展壮大，中国承接服务外包产业及业务量正以空前的速度增长并将实现新的跨越。

3. 发包市场日益集中，日韩市场份额稳定，欧美市场加速赶超

由于中国与邻近国家在地理位置、语言和文化沟通方面具备优势，在产业上也具有一定的互补性，所以中国对日韩等国家的服务外包业务承接力度将不断加强，服务外包业务承接量也将稳步增长。近年来，中国国内条件不断改善，与欧美等国在政治、经济、文化各方面的交流合作日益频繁，中国对欧美跨国公司服务外包的业务承接量也在稳步提升。欧美作为全球服务外包的主流市场，其市场份额巨大，如美国占全球服务外包发包业务的近 2/3，因而未来中国对国际服务外包的承接方向也会更多地向欧美市场倾斜。据 IDC 预测，未来五年中国软件离岸外包市场规模将增加近五倍，2009 年，欧美市场份额首次超过日韩市场。

4. 承接区域日益离散化，服务外包加快向二线城市转移

随着服务外包市场环境的不断改善以及政府对服务外包承接的大力扶持，中国服务外包承接地域发展的不平衡性将被打破，特别是随着服务外包产业的不断发展，北京、上海等东部地区一线城市的人才更加紧张，劳动力成本会逐渐上升，而一些二线城市的成本相对较低，且人才供应相对充足，使得这些城市在承接服务外包方面更具竞争力。出于对运营成本及人才等因素的考虑，中国服务外包基地将逐渐转移到二线城市，服务外包承接区域分布呈现离散化趋势，承接地域分布将逐步趋于平衡。

四、中国承接服务外包存在的问题

虽然我国参与国际服务外包已取得初步成绩，但现实发展水平无论是与我国参与国际制造业产品内分工的深度比较，还是与承接国际服务外包比较成功的印

度等国比较，都存在相对不足和落后的问题。国务院 7 号文件在充分肯定我国服务业发展成就的同时也指出不容忽视的问题："我国服务业总体上供给不足，结构不合理，服务水平低，竞争力不强，对国民经济发展的贡献率不高，与经济社会加快发展、产业结构调整升级不相适应，与全面建设小康社会和构建社会主义和谐社会的要求不相适应，与经济全球化和全面对外开放的新形势不相适应。"（国务院，2002）具体到参与国际服务外包，我国相对落后的情况更为明显。

第一，从软件出口和承接国际服务外包市场规模看，2005 年我国软件出口、计算机信息服务贸易盈余、流程外包三项加总不到 20 亿美元，不及当年加工贸易盈余的 2%，不及印度软件服务外包出口的 1/10，也落后于爱尔兰、菲律宾等国承接国际服务外包的水平。

第二，从承接国际服务外包和相关出口内容构成看，目前主要是软件和 IT 服务外包，在发展潜力更大的商务流程外包方面目前还仅有少数成功案例。另外，在软件和 IT 服务出口方面，也在相当程度上得益于我国在硬件设备制造和出口方面的优势，通过自身服务的相对竞争力获得国际服务外包业务的规模估计还要小一些。

第三，从承接国际软件服务外包区域分布看，我国主要从日本、韩国等邻国承接近岸发包业务（Near - Shoring Business），在欧美等全球主流市场上仅有较少的比较成功的案例，整体竞争能力较弱。在日本、韩国培育起的市场竞争力是我国在这一领域的重要优势条件，今后需要巩固和发展，然而由于日本仅占全球发包市场很小的份额，如软件发包估计仅占全球 5% ~10% 份额，偏于东亚一隅说明我国承接国际服务外包的格局有待拓展。

第四，从企业规模和素质角度看，我国本土企业规模比较小，最大规模的企业不仅不能与 IBM 等国际巨头相比，即便与印度较大的企业相比也有十几倍甚至更大的差距。另外，在获得 CMM 等行业技术和业务能力认证等基本技术指标方面也显著落后。

第五，从跨国公司来华设立服务提供中心和相关机构角度看，这类投资主要是受到我国国内"买方市场"因素吸引，属于"寻求市场"型服务投资（Market Seeking FDI in Service）；从比较效益角度把我国作为承接国际服务外包中心的"寻求效率"型服务投资（Efficiency Seeking FDI in Service）（UNCTAD，2004）比较少。"寻求市场"型外商服务业投资对我国经济整体发展具有积极意义，因而应继续予以鼓励。然而上述特征也说明我国现阶段在承接国际服务外包方面仍缺乏国际竞争力。

除上述相对不足之处外，我们还需要关注该行业在一段时期内的"乐观预期与现实表现反差现象"。世纪之交，我国高层官员和业内人士访问印度，大都认为我们与印度存在5～10年的差距，乐观估计差距只有两年。2001年，一些业内权威人士认为，我国3～5年内将在全球信息技术服务外包市场中扮演重要角色，在非语音业务流程外包方面有能力与印度竞争。总体来看，对我国在这一领域的相对差距，过去一段时期人们倾向于乐观地相信我们会通过较快追赶迅速缩小这一差距。考虑到我国经济发展的出色表现，提出上述估计不无理由。不过实际情况与上述估计似乎存在反差。印度承接国际服务外包从2001年的62亿美元增长到2005/2006财年的约240亿美元，年递增速度高达40%，2007年增长到313亿美元，到2010年增长到600亿美元（NASSCOM，2007）。印度目前占有全球软件外包市场总额的65%以及全球服务外包市场总额的46%（王悦承，2006）。随着十几年承接服务外包的历练，印度企业已开始在发挥本国比较优势的基础上创造出具有国际竞争力的自主知识产权产品，并开始大规模向包括中国在内的其他国家建立以当地市场和转包为战略重点的外部投资。这与我国制造业国际化从简单加工贸易开始，进而生产配套零部件，再发展到近年产品研发、品牌创造以及国外投资，体现了类似的经济逻辑。过去几年我们确有明显进步，然而与印度的相对差距可能并未缩小。同样值得关注的是，印度以外的一批发展中国家近年来也大力发展承接国际服务外包并已有不俗表现。例如，菲律宾在承接国际客服中心外包方面已成为印度重要的竞争对手。2001年，菲律宾只有2000人在客服中心工作，五年后已经有20万人在客服中心就业，增长近百倍（GOR，2007）。菲律宾政府正在积极扩大对一些复杂行业的投资，如会计、软件、工程和建筑设计、医疗、法律和动画制作等（GOR，2007）。2006年，菲律宾外包业务收入达到36.3亿美元，从业人员为24.5万人，其中呼叫中心业务收入为26.9亿美元；2010年外包业务收入增长到124亿美元，从业人员达到92.1万人（GOR，2007）。近年来，很多跨国公司开始向巴西转包服务业务，巴西承接服务外包业务年度规模达到5亿美元左右。业内人士认为，2007年是巴西被市场普遍认可的一年。另外，俄罗斯、马来西亚以及东欧国家如捷克、匈牙利、保加利亚等也已经调整政策。如Infosys已开发推广基于互联网的银行软件（王悦承，2006）。2006年全球最大的服装零售商盖普公司（Gap Inc）将其IT业务外包给蓝色巨人IBM，IBM则将这一部分业务分配给它在巴西建立的分公司。爱森哲、IBM等服务外包巨头都看好巴西，认为巴西将成为拉美主要的服务外包中心。我国与第二批积极参与服务全球化的国家相比，在某些方面也有相对不足之处。如果说国际服务外包代表的服务全球化是“一个新时代的黎明”（Vashistha和Vashistha，2005），那么我们确实需要尽快改变相对增长不足的态势，避免在新一轮服务全球化浪潮中面临被边缘化的风险。

第五章　服务外包与我国利用外资的地区均衡

改革开放以来，我国利用外资过程中出现的问题之一就是地区的不均衡。按传统的划分方式，可以把我国划分为东、中、西部地区，那么外资在这三个地区的分布是东部明显多于中西部，中部又多于西部。出现这种现象的原因是多方面的，其中区位劣势可能是最主要的影响因素。而服务外包的出现改变了传统投资方式的限制因素，利用互联网技术，可以摒弃区位劣势，使投资向传统的投资劣势地区发展。因此，利用服务外包有可能改变中国利用外资的地区不均衡发展问题。

一、我国利用外资的区域差异及原因分析

长期以来，我国利用外资始终存在着中西部地区和东部地区不均衡发展的态势。在 20 世纪 80 年代，90% 以上的外商直接投资分布在东部沿海地区。90 年代，这个指标略有改善，但基本状况并没有明显变化，截至 2000 年底，外商在华累计投资中，有 86% 的资金投在东部沿海地区，仅有 14% 的资金投向中西部地区。实施西部大开发、振兴东北老工业基地和中部崛起战略后，由于中央政府给予中西部地区利用外资更多的优惠政策，使中西部地区的外资利用比例有了较大幅度提高，但总的格局仍然是东部绝对高于中西部。图 5 – 1 显示了截至 2005 年中国中西部地区和东部地区外商投资企业外方年底注册资本的巨大差距。

针对我国中西部地区和东部地区利用外资严重不均衡的原因，国内学者进行了深入研究。江小涓（2002）认为，外商直接投资高度集中在沿海地区的主要原因，一是整个 20 世纪 80 年代，中国对外开放的区域主要在沿海，这些开放地区政策优惠，投资环境较好，是外国投资者的首选区域；二是来自中国香港、中国澳门、中国台湾地区的投资者及其他国家的华人投资者，绝大多数祖籍广东、福

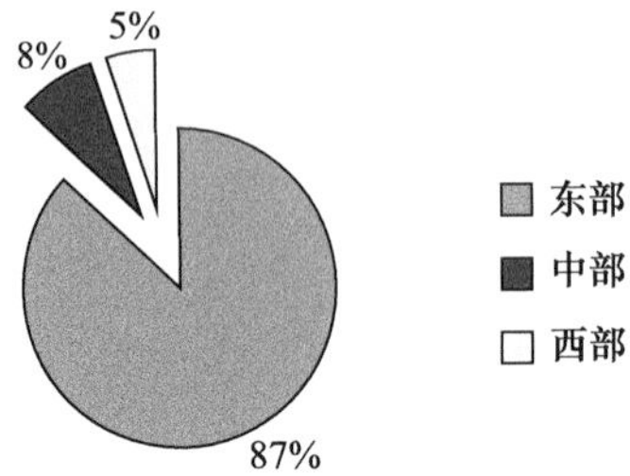

图5-1　截至2005年底外商投资企业外方注册资本东部、中部、西部布局

注：东部是指辽宁、北京、天津、河北、山东、江苏、浙江、上海、福建、广东、海南11个沿海省和直辖市。中部是指山西、吉林、黑龙江、安徽、江西、河南、湖北、湖南8个中部省区。西部是指重庆、四川、贵州、云南、广西、西藏、陕西、甘肃、青海、宁夏、内蒙古、新疆12个西部省、自治区和直辖市。

资料来源：根据《中国统计年鉴》（2005）表18-19整理。

建等沿海地区，有在其祖籍优先投资的愿望；三是在计划经济时期，政府在沿海地区建设的国有大企业较少，计划经济的遗产较少，容易形成有利于外商投资企业经营的环境。薛荣久（1997）指出，造成中西部地区利用外资存在差距的原因是，首先，中央政府政策上“有意”失衡；其次，中央政府“向中西部倾斜”的政策未全部落实或配套措施滞后；最后，投资环境欠佳制约了中西部地区对外资的利用。赵晋平（1997）从国家投资政策的角度进行分析并认为，改革开放以来所实行的是向沿海地区倾斜的政策，使得东部地区人均中央项目投资额大大高于中西部地区。吴群刚和胡鞍钢（2000）提出，由于广大内陆地区对外开放程度低下、参与全球化进程的不平衡性突出、投资环境相对不利，在吸引外商投资方面没有充分显示其竞争力。王洛林和魏后凯（2001）也认为，由于受地理区位、投资环境和国家政策等多方面因素的影响，目前我国所吸收的外商投资仍高度集中在东部沿海地区。

从这些代表性的观点中，我们可以看出，造成中西部和东部地区利用外资差距较大的原因主要有两个方面，一是政策性因素，二是区位性因素。早期向东部倾斜的政策使东部地区吸引外资形成了规模效应，路径依赖的作用吸引外资越来越多地投向东部地区。而地处内陆的区位劣势则阻碍了外资对中西部地区的投资。为了平抑这种不均衡，政府也采取了很多政策措施。以税收优惠为例，比照改革开放初期对在四个经济特区投资的外商企业减按15%征税的标准，在西部大开发的政策中规定，对设在西部地区国家鼓励类产业的外商投资企业，在2001年至2010年，减按15%的税率征收企业所得税；被确认产品出口达70%以上的，可以减按10%征收企业所得税①。振兴东北老工业基地的税收政策中也规

① 更为详细的西部开发优惠政策可参见《国务院关于西部大开发若干政策措施的通知》（国发〔2000〕33号）。

定，国家级经济技术开发区、高新技术产业开发区的生产性外企和高新技术企业，减按15%的税率征收企业所得税；外企产品出口企业，在减免税后，当年出口额达当年产品销售额70%以上的减半征收企业所得税；已按15%的税率缴纳企业所得税的产品出口企业，符合上述条件，按10%的税率征收企业所得税。[①] 为支持山西、安徽、江西、河南、湖北、湖南六省中部崛起，国务院办公厅下发了《关于中部六省比照实施振兴东北地区等老工业基地和西部大开发有关政策范围的通知》，中央将以东北老工业基地和西部大开发的优惠政策来支持中部六省的崛起。可以预见的是，中部将享受到不低于东北老工业基地和西部大开发的吸引外资政策。但通过对比实施西部大开发政策前后西部地区利用外资的变化情况与对外开放前后东部地区利用外资的变化情况，我们可以看出，西部大开发中鼓励外商投资的政策效果并不尽如人意。[②] 1984年开放14个沿海城市标志着中国东部地区已基本实行了全面开放，以此为分野，1984年到1987年四年间，东部地区累计批准外商直接投资项目8617个，实际利用外资56.6亿美元，分别比前五年增长了5.3倍和4.6倍，[③] 政策效果十分明显；对比西部大开发的政策效果，以2000年为分野，2000年到2003年四年间，西部地区累计外商投资企业年底注册企业数62573个，实际利用外资79亿美元，分别比前五年下降了43.3%和29.8%。[④]

通过对比可以看出，东部地区利用外资的政策效果明显优于西部地区。造成这种政策效果不同的原因是，来中国的投资者中，从事加工贸易出口的比例较高，因此倾向于选择在出口方便的沿海地区进行投资（江小涓，2002）。东部地区的区位优势可以扩大利用外资的政策效果，而中西部地区的区位劣势则抑制了政策效果的发挥。由此可见，传统的加工出口贸易型的外商直接投资在我国选择投资地点时，区位因素起着决定性作用。因此，尽管实行相同的鼓励政策，但中西部地区吸引的外资较东部地区仍有较大差距。

20世纪末以来，随着国际直接投资逐渐向服务业转移，与之相适应的服务外包也日渐兴起，并且发展迅速。据联合国贸发会议2004年《世界投资报告：转向服务业》估计，未来几年全球服务外包市场将保持30%～40%的速度增长，2007年的服务外包额将达到1.2万亿美元。作为吸引加工出口贸易型国际直接投

---

① 更为详细的关于振兴东北老工业基地的优惠措施参见《中共中央、国务院关于实施东北地区等老工业基地振兴战略的若干意见》（中发〔2003〕11号）。

② 振兴东北老工业基地战略和中部崛起战略的实施时间较短，还无法具体对比其吸引外资的政策效果与东部地区的差别，但由于东北和中部地区的区位因素和基础条件这两个影响外资利用的因素基本和西部相同，因此，我们用西部地区利用外资的政策效果与东部的差别来大体替代性描述中部和东部的这种差别。

③ 杨圣明．中国经济开放理论创新——外资、外贸、WTO［M］．北京：华文出版社，2001.

④ 根据《中国对外经济贸易年鉴》和《中国商务年鉴》各相关年份数据整理计算。

资发达的国家，面对服务外包的兴起和巨大的市场潜力，我国也开始注重对服务外包的承接。2006 年 9 月，在厦门召开的“中国国际投资贸易洽谈会”上，时任国务院副总理吴仪在接见跨国公司代表时表示，承接以跨国公司为主的各类服务外包将成为中国吸引外资的新领域，中国将积极创造条件承接国际服务外包。可以预见，服务外包将成为我国今后吸引外资的重要方式。那么，在我国目前吸引外资存在严重地区不平衡的格局下，服务外包是否能够成为促进利用外资地区均衡发展的手段呢？

二、服务外包的运行机制

如前所述，所谓服务外包是指发包企业将原来在内部从事的非核心服务外化为一个投资项目或专业服务公司，发包给企业以外的服务提供者去完成的过程。

根据前面的分析，服务外包主要分为信息技术外包（ITO）、商务流程外包（BPO）和知识流程外包（KPO），但就目前来讲，较为成熟的形式是信息技术外包和商务流程外包，我们就以信息技术外包和商务流程外包这两种形式作为分析对象分析服务外包的运行机制。众所周知，ITO 的业务范围主要有 IT 系统操作服务、IT 系统应用管理服务和 IT 技术支持管理服务等，软件外包是 ITO 的主要外包形式。BPO 的业务范围主要有需求管理、企业内部管理、业务运作管理、供应链管理等，BPO 的业务形式主要有金融与财务分析服务、呼叫中心、客户服务、采运服务、市场调查与分析等。图 5 –2 和图 5 –3 显示的是 ITO 和 BPO 的典型业务流程。

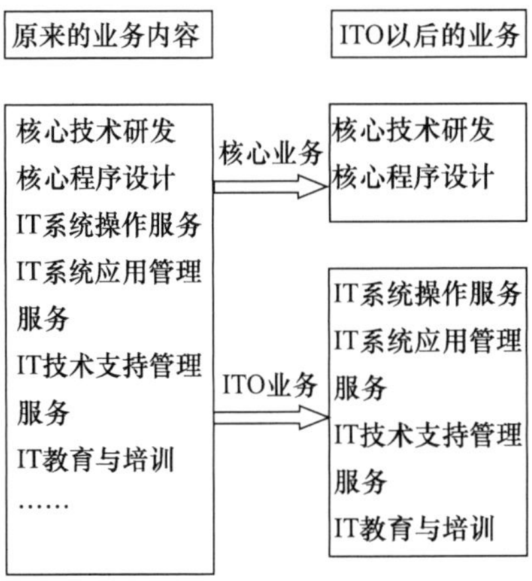

图 5 –2　ITO 典型业务流程

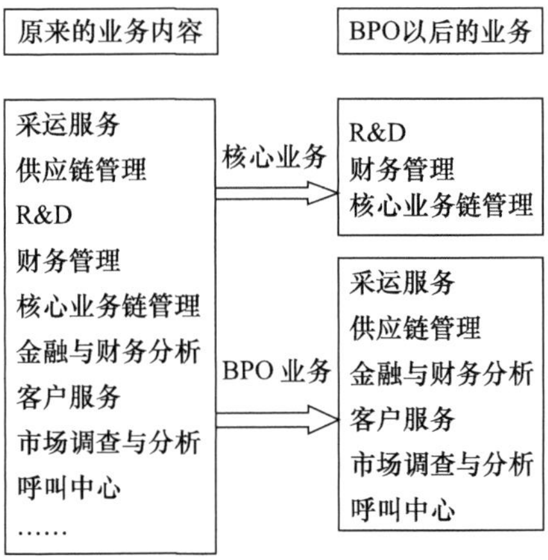

图 5 –3　BPO 典型业务流程

从以上业务流程可以看出，无论是ITO还是BPO，都是企业实施归核化战略的具体体现。企业为了降低自身的运营成本，提高效率，在保留自身核心业务的同时，把辅助性的非核心业务系统化后通过电子系统外包给国外的服务外包公司（张磊等，2006）。而国外的专业外包公司则通过互联网将这些辅助性业务程式化和程序化，为发包企业提供专业服务。

服务外包的基本运行平台是互联网，发包和承包双方的业务交易一般都是通过互联网来完成的。从图5－4反映的服务外包流程运行机制可以清楚地看出互联网（电子拍卖系统）在整个业务流程运行中所起的关键作用。

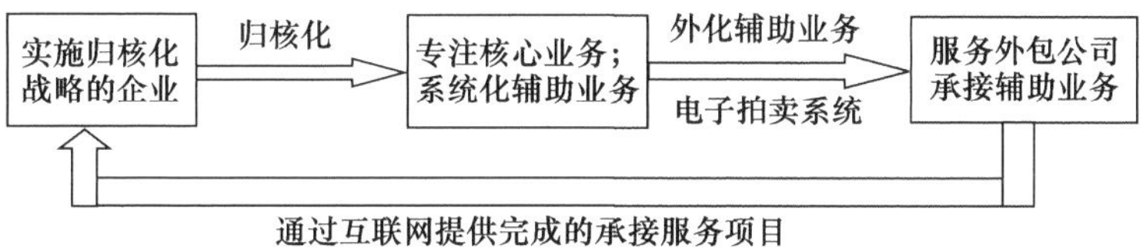

图5－4 服务外包流程运行机制

图5－4显示的运行机制也说明，与传统制造业相比，服务外包受时间和空间的制约很小，物流、产业配套要求不高。对于承包方来说，不需要处在地理位置优越的沿海地区，只要有便捷的互联网等通信工具就可以从事服务外包活动。服务外包这种业务形式为地处内陆的地区直接参与国际分工、利用外资创造了难得的发展机遇。因此，大力发展服务外包将有助于我国中西部地区利用外资，进而有助于我国利用外资的地区均衡发展。

三、更好地利用服务外包促进我国利用外资地区均衡发展的政策措施

中西部地区在发展服务外包方面已经开始起步，并且成都、西安和武汉被2006年上半年实施的促进服务外包发展的“千百十工程”① 挂牌为服务外包基地

① 商务部会同信息产业部和科技部于2006年上半年开始实施的促进服务外包发展的“千百十工程”是指，“十一五”期间，在全国建设10个具有一定国际竞争力的服务外包基地城市，推动100家世界著名跨国公司将其服务外包业务转移到中国，并培育1000家取得国际资质、具有发展潜力的优秀服务外包企业，全方位承接国际服务外包业务。

城市。这些基地城市已具有了良好的服务基础和承接服务外包业务的经验，建设及发展环境优越，基础设施较好，在人才引进与培养、服务外包职业培训、外包企业相关认证等方面也已具备了坚实的基础，成为许多跨国公司转移其服务外包业务的首选地，同时也是中西部地区培育服务外包企业的重要基地。为了更好地利用服务外包促进中西部地区吸引外资，逐步缩小中西部地区与东部地区在利用外资方面的差距，还要进一步做好以下工作。

（1）国家在制定鼓励服务外包政策方面，应该更加向中西部地区倾斜。和东部地区相比，中西部地区在利用加工出口贸易型外资方面毕竟有较大差距，而加工出口贸易型外资与服务外包尤其是 BPO 有着十分重要的业务联系。所以，西部地区在吸引服务外包业务时需要更加优惠的政策扶持。为了保证“千百十工程”的顺利实施，商务部与国家开发银行、中国出口信用保险公司签订了旨在促进服务外包发展的合作框架协议。根据协议，国家开发银行在 2006 ~ 2011 年五年内为服务外包的发展提供 50 亿元的政策性贷款，中国出口信用保险公司将为服务外包企业提供融资担保和信用保险服务。在实施这些优惠政策时，国家应该考虑分给中西部地区更多的配额，给中西部地区发展服务外包更大的政策空间。另外，在融资支持、出口补贴、人才引进、税收减免等方面，应允许中西部地区在不违背国家有关政策的条件下制定更加优惠的扶持政策。

（2）充分挖掘已有的在华跨国公司的服务外包业务，延长出口加工型跨国公司的业务链，发展“全程式”服务外包。实行服务外包是跨国公司实施归核化战略的具体业务体现，跨国公司转移出去的非核心业务将构成今后服务外包的主要内容。目前，中国已成为除美国和英国之外世界第三大吸引外资东道国，现存外资企业数十万家，世界 500 强跨国公司大多已在中国投资，并且这些跨国公司的投资越来越朝着有利于服务外包的方向发展。根据《全球 500 大公司在华投资企业概览》的统计资料，全球 500 大公司 1983 ~ 2003 年在中国投资设立的企业，按行业属性划分，显示了两种有利于服务外包的发展趋势：一是服务业跨国公司进入中国的数量越来越多。位列全球 500 强首位的 Wal - Mart Stores 从 1999 年 3 月开始进入中国至 2003 年 4 月，共在中国设立了各类分支机构 43 家。Citigroup 在 1990 ~ 2003 年共在中国设立各种分支机构 10 家，其中大部分设立于 2000 年之后。其他诸如商业服务、金融保险、电信、软件、高技术研发、运输等行业的投资企业在总投资中所占的比重也越来越高。二是非服务业跨国公司在中国设立的企业中，从事商业、金融保险、资产管理、研发、咨询、技术培训等服务业务的越来越多。如 Exxon Mobil、Royal Dutch/Shell、General Motor、Ford Motor、Daimler Chrysler 等都设立有类似的分支机构，有些公司甚至将研发中心迁到了中国，把中国作为其全球业务的研发服务中心。已有的在华投资的跨国公司的业务特点为中西部地区发展“全程式”服务外包提供了有利条件：既可以从服务业跨国公司的归核化战略中获得商机，也可以延长制造业跨国公司的产业链，向制造业跨国公司提供相关的商务服务，全方位发展信息技术服务外包和商务流程服务外包。

（3）以国内市场为支撑，注重自主品牌的培养。随着中国经济的迅速发展和产业结构的进一步优化升级，包括信息技术和商务流程在内的国内服务市场需求在不断扩大，形成了十分广阔的国内市场。如我国最大的软件外包企业东软公司，2005 年国内市场就为其提供了 90% 的业务。我国广阔的国内市场为培育具有高附加值的自主品牌提供了市场条件。一方面，中西部地区的软件产业可以利用内需市场优势，发展基础软件、应用软件、嵌入式软件、系统集成、国内软件服务等，努力实现自主创新，并以此为基础，在推动拥有自主知识产权的软件出口的同时，发展自主型的信息技术服务外包；另一方面，中西部地区的商务流程外包企业也可以通过承接国内业务培育竞争力，形成众多知名的商务流程外包品牌，然后以较高的信誉度和完善的服务承接国际商务流程外包。

（4）加快互联网等网络环境建设和复合型服务外包人才的培养，为中西部地区服务外包的快速健康发展打下坚实的环境与人才基础。从服务外包的运行机制可以看出，服务外包的发展取决于互联网网络环境的好坏和服务外包人才质量的高低。尽管中西部地区的互联网网络建设已经具备了一定基础，但与进一步扩大和提高服务外包业务规模和层次的要求相比，还存在相当大的差距。尤其是互联网服务器运行速度问题、宽带线路安全问题、DDN 专线费用过高问题，屡屡制约国外服务外包企业业务在中西部的选择，成为制约中西部地区进一步扩大承接服务外包的瓶颈。因此，中西部地区当地政府应当协同电信部门和网络服务商改进这些问题，为中西部地区吸引服务外包业务提供硬件保证。服务外包的发展需要大批从事“来料加工”业务的“低端软件蓝领工人”，但随着服务外包市场竞争的加剧以及服务外包由单纯的软件外包向软件开发和商务流程等纵深方向发展，也需要能够从事独立开发尤其是嵌入式软件开发业务的人才，更需要既可以从事 ITO 又能够承接 BPO 的复合型服务外包人才。目前，中西部地区从事 ITO“来料加工”和 BPO 简单业务处理的低端外包人才资源较为丰裕，而从事技术研发的复合型人才较为稀缺。今后，中西部地区应当加大这些稀缺人才的引进和培养，最好能成立专门的稀缺人才培训学校，政府在有可能的情况下应给予这些学校一定的政策倾斜和财政支持。

第六章　中国服务业吸引国际直接投资若干问题研究

长期以来，无论是跨国并购，还是新设投资，制造业都是国际直接投资的主要产业。然而，自20世纪90年代中期以来，这种制造业吸引国际直接投资“一枝独秀”的局面逐渐被打破，服务业所占的份额越来越多，并于20世纪末超过制造业成为吸引国际直接投资的主要领域（国务院发展研究中心课题组，2004）。联合国贸发会议跨国公司和直接投资司甚至以“转向服务业”作为其2004年度《世界投资报告》的副标题来说明国际直接投资的这种变化。作为最大的国际直接投资吸收国，中国吸引国际直接投资的产业结构必然受到国际直接投资变化趋势的影响。能否适应这一变化趋势，是关系到中国今后吸引国际直接投资数量和质量的重大问题。只有认清中国服务业吸引国际直接投资的客观条件，并通过制定相应的对策，积极适应这一变化趋势，才能巩固中国吸引国际直接投资的大国地位并提高利用外资的质量。

一、中国服务业吸引国际直接投资的有利条件

众所周知，中国的产业对外开放是从制造业开始的。随着开放的不断深入发展，服务业才逐渐成为对外开放的内容。与此相对应，开放伊始，中国吸引的国际直接投资也主要集中在制造业领域。其后，尤其是中国加入世界贸易组织后，服务业领域才开始吸引国际直接投资，并逐渐成为中国吸引国际直接投资的主要产业。服务业之所以逐渐成为中国吸引国际直接投资的主要领域，主要原因在于以下几个方面：

1. 中国国内经济总体运行良好

改革开放30多年来，中国经济增长虽有波动，但总体运行趋势良好。

1990～2004年，中国的GDP年均增长9.3%。这种良好的经济表现对中国吸引并有效利用外资提供了至少两个有利的条件（Zhang，1999）。一方面，持续的经济增长可以极大地改善投资环境。基础设施如交通运输及通信已随着经济的发展而不断改进；经济增长带来的人们收入的增加，既提高了消费水平，也提高了居民用于教育、休闲等的服务性支出，使包括服务业在内的市场规模不断扩大，为外资提供了更多的获利机会。1991～1996年，中国GDP增长平均达到11.4%，外商投资企业数量相应大幅增加。另一方面，持续的经济增长产生了更大的外资需求。国际直接投资与间接投资的区别在于它是一种较为长期的生产性投资。中国良好的经济运行态势不仅可以通过丰厚的收益刺激即期投资者的热情，而且以较高的投资收益预期激发潜在投资者的热情。中国引进外资额连续九年稳居发展中国家首位，并且在2002年超过美国成为全球国际直接投资的第一大东道国，其原因就在于外商看好中国经济发展的良好态势。国际直接投资的增长势必带动服务业国际直接投资的相应增长。2002年，除科学研究和综合技术服务业外，中国各服务分行业吸纳外资都有很大增长，其中金融、保险业的合同外资金额增幅高达4346.16%。

2. 中国服务市场潜力巨大

影响一个国家或者地区直接投资流量很重要的因素之一是市场规模。中国是世界上人口最多的国家，市场发展潜力巨大，在全球处于领先地位。据科尔尼公司的统计，2005年，全球将新增约4亿年收入超过1万美元的人，其中一半将是中国人。同时，伴随着中国人均收入水平的不断提高，居民的消费结构将不断升级，服务性消费所占比重会越来越高。巨大的市场潜力需要相应的产品供给，但中国的服务业供给是否能够满足这种不断增加的服务业需求呢？江小涓在《“十一五”期间中国服务业发展的思路、目标和体制政策保障》一文中曾做过一组对比。与同等收入水平的国家相比，中国服务业在国民经济中的地位明显偏低。至2001年，中国服务业产出占GDP的比重为34%，服务业就业占社会就业总数的比重为28%。与收入水平基本相同的下中等收入国家的平均水平相比，中国服务业产值比重要低19个百分点，在这类国家中名列倒数第二；就业比重要低20个百分点，名列倒数第一。考虑到中国服务业统计方面可能存在一些误差，因此对可能的误差做了一些调整，并将服务业所占比重上调3～4个百分点，即将2002年服务业增加值比重和就业比重分别上调到38%和33%。但即使使用调整后的数据，中国服务业比重仍然明显低于同类国家的水平。与服务业发达国家相比，这一差距就更大了。“十一五”期间，中国服务业发展的总体目标是，以上述调整后的服务业统计为基础，力争使服务业增加值的增长速度高出GDP增长速度1个百分点左右，使服务业吸收的就业人数有较大幅度的增长；到2010

年，力争使服务业增加值占国民生产总值的比重和就业人数占社会劳动者总人数的比重分别达到45%和43%以上，接近2000年下中等收入水平国家的下限水平。那么，在此期间，中国服务业增加值占国民生产总值的比重和就业人数占社会劳动者总人数的比重要分别增加7个百分点和10个百分点。如果以21世纪50年代为计算期，中国经济达到中等发达国家水平，中国服务业即便是与GDP保持同水平增长，其增长潜力也将是非常巨大的（江小涓，2005）。毫无疑问，这种增长空间和增长速度对国际直接投资有着巨大的吸引力。

3. 中国服务业对外开放的力度逐渐加大

中国于2001年加入世界贸易组织之日起就自动接受了《服务贸易总协定》（GATS），并根据协议做出了《服务具体承诺表》作为《中国入世议定书》的附件。根据承诺，中国将在加入世界贸易组织后的3~5年内逐步开放服务业市场，放宽服务业的市场准入限制并给予国民待遇；中国服务业在金融保险、电信服务、商业、运输等领域的市场准入限制将陆续取消，逐步放宽服务业投资在其企业中的最高所有权限制，逐步取消在服务业投资中所设置的各种服务提供者人数限制、服务提供的法律实体形式的限制、服务产出量的限制等。另外，按照中国政府所承诺的开放时间表，3~5年内中国的资本市场将基本对外放开。资本市场，尤其是证券市场的开放，将为外资并购国内企业开辟新的途径。依靠这条途径，外资可以通过证券市场上的并购直接进入某一服务行业或服务企业。

服务市场准入门槛的降低，服务业开放领域的扩大，外资进入服务业领域途径的拓宽，必然会吸引越来越多的国外企业投资于中国的服务行业（裴长洪，2005）。至2002年9月，金融、商业领域吸引国际直接投资取得了积极进展。在商业分销领域，新批外商投资商业企业17家，其中连锁企业16家，原有外商投资商业企业新设分店7家；在银行领域，国内已设立外资银行分行147家，其中45家获准开展人民币业务；在保险领域，继2002年11月英国标准人寿等3家外国保险公司获准进入中国后，在华外资保险公司已达34家，设立的营业性机构约50家；在证券领域，德国安联公司已获批准，率先在北京组建了合资证券管理公司；在旅游领域，2002年12月，TUI集团与中旅总社合作成立的中旅—途易旅游公司挂牌，这是中国第一家外资控股的旅行社。

4. 国内服务业有着良好的发展条件

国际直接投资的直接目的就是追求效益，而优越的产业发展条件则是投资产生良好效益的前提。优越的产业发展条件不仅能为企业发展提供优良的基础设施，节约投资成本，提高投资产出效率，而且能为投资产出的产品提供销售市场，最终实现投资效益。中国服务业之所以能够吸引国际直接投资，原因之一就在于国内服务业有着良好的发展条件（王洛林，2004）。

（1）基础设施改善、打破垄断、社会各界对发展服务业的重要性形成共识等为服务业发展提供了基础条件。20 世纪 90 年代以来，中国固定资产投资中用于第三产业的比重持续上升，第三产业投资占全社会固定资产投资的比重 1991 年为 37%，1995 年和 2000 年分别上升至 48% 和 59%。这些投资大量投向基础设施，包括公路和铁路建设，港口、码头、机场建设，以及科技、教育、文化、卫生等社会事业领域的基础设施建设等。这些投资使服务业发展的基础设施得到明显改善。

发达经济体的经验表明，竞争能够提高服务质量，降低服务价格，从而促进服务业加快发展。因此，党的十六届三中全会提出，要加快推进垄断行业的改革，包括放宽准入领域，降低准入条件，培养多元化的竞争主体等。消除垄断的行业主要包括电信、银行、保险、证券、民航、铁路等服务行业。过去中国依靠投资高速增长、工业高速增长等带动经济增长的工业化模式带来资（能）源浪费、环境污染等一系列问题，这些问题使社会各个方面对发展服务业的重要性形成共识。人们认识到产业结构严重失调、服务业发展明显滞后的增长模式既有悖于科学发展观，也难以可持续发展。这种共识有利于统一思想，从体制和政策各个方面加大促进服务业发展的力度（欧新黔，2004）。

（2）收入水平提高、消费结构升级、社会分工细化、城市化进程加快等，使社会对服务业的需求数量和质量大大提高。收入水平的提高会增加对服务产品的需求，特别是一些超出基本生活需求范围的服务产品如旅游、高等教育、休闲、健身等，只有在收入水平较高时才能形成大规模消费。随着经济的不断增长、人们收入水平的不断提高、社会保障体系的不断完善，人们用于服务的消费需求比重会有较大幅度的上升。最近几年，我国居民特别是城镇居民消费结构升级加速，消费类电子及通信设备、轿车、住宅、教育等需求热点稳定形成，并且这些消费热点中的服务含量明显增加。随着市场竞争的加强和国有企业改革的推进，一些“大而全”、“小而全”的企业会继续重组业务，分工过程将进一步细化，大量的中间产品和加工过程会独立出来，此时，联结这些节点的服务网络的重要性就显现出来，竞争压力还会引导企业将原本内置于企业的服务活动外置，如各种商务服务、营销服务、技术服务等；农业的产业化和市场化的发展将促进为农业生产提供科技、信息、销售服务等的服务业的发展；第二产业结构的优化升级，将加大工业对新兴服务业的需求，促进金融、证券、研发、中介咨询、市场营销、信息网络服务等服务业的发展（江小涓，2005）。城市是服务业发展的集中地，我国城市服务业增加值占全国服务业增加值的 85%。可以说，城市化水平对服务业比重的提高有重要影响。随着人均收入水平的提高，制约城市化进程的体制和政策因素的弱化、消除以及城镇化战略的实施，今后几年，中国城市化进程将会继续加快，这将极大地推动服务业的发展。

二、中国服务业吸引国际直接投资的限制因素

尽管存在诸多吸引国际直接投资的有利因素，但无论是国内发展，还是对外开放，中国服务业起步都较晚，其行业结构和竞争力都还比较低，国内有关服务业发展的法律、法规、政策等尚不健全，甚至国内对服务业引进外资的重要性也还缺乏统一认识（王建华和马永喜，2003）。凡此种种，构成了中国服务业吸引国际直接投资的主要制约因素。

1. 国内服务业结构水平低，难以与国际服务业直接投资重点日益集中于知识密集型行业的发展趋势对接

20 世纪 70 年代以来，随着科学技术的进步，服务业和高新技术逐渐结合起来，使服务业中的知识技术含量不断提高，技术、信息、知识和管理密集型的服务行业发展迅速，并且这些行业借助于全球化经营，其对外直接投资空前增长。以第五次跨国并购为例，可以看出知识密集型直接投资不仅成为国际直接投资的主要内容，而且构成了服务业直接投资的主要方向（郑吉昌和夏晴，2004）。根据国际服务业直接投资的这一行业特点，可以得出如下判断：只有知识密集型服务业高度发达的东道国才能吸引更多的国际直接投资。

但对中国服务业的构成进行考察后会发现，20 世纪 90 年代以来，中国的服务业结构水平偏低，各服务行业的技术含量不高，传统服务业仍然占据主体地位，主要偏重于劳动和资源密集型，而现代服务业比重很小。以金融和卫生服务中的就业为例，2002 年中国金融行业就业比重仅为 0.46%，而国外平均水平为 4% 左右（李珠峰，2004）。另外，中国服务业总体技术水平较低，从业人员素质参差不齐，经营方式比较落后，服务效率和人均增加值不高。因此，与服务业国际直接投资趋势相比，中国服务业的结构水平相对较低，难以实现与服务业国际直接投资的对接。

2. 服务业开放程度低

一国市场的对外开放程度直接影响国际直接投资的流动。开放程度越高，国际资本流动就会越顺畅；反之，则越困难。衡量直接投资市场开放度的指标一般有两个，一是作为投资主体的跨国公司进入的数量，二是国际直接投资对国内产业的贡献率。改革开放以来，中国制定了很多吸引国际直接投资的政策措施，这些政策措施也起到了鼓励外商在中国直接投资的作用。但如果从行业分布来看，

这些投资中的大部分都投向了制造业，占60%以上，其次是基础设施和房地产业，而服务业虽然20世纪90年代以来增长较快，却也仅占6%左右。在贡献率方面，国际直接投资在中国经济中的重要性越来越突出，但更多地表现在对工业的贡献上，对服务业的贡献相对较小，2001年和2002年外商投资企业对服务业增长的贡献率分别只有17.6%和17.3%（江小涓，2005），远远低于对工业的贡献率。由此可见，中国制造业融于全球化的程度要明显高于服务业，服务业的对外开放程度远远低于制造业。服务业对外开放程度相对较低制约了中国服务业吸引国际直接投资的步伐。

3. 体制、政策性因素的制约

产业政策是投资政策环境的重要部分，对外资投向结构的影响至关重要。外资的行业投向是投资基础环境和政府政策环境共同作用的结果。长期以来，由于受非物质生产劳动不创造新价值的观念的影响，中国在制定产业发展政策时对服务业缺乏重视，财政政策、税收政策、信贷政策和其他相关政策偏重于鼓励投资制造业而不是服务业（胡迎春和原梅生，2002）。具体到吸引国际直接投资的政策，由于受以下两种观念的影响，各级政府吸引国际直接投资的优惠政策更多地关注制造业而非服务业：一是制造业跨国公司拥有比较成熟的营销网络，其投资生产的产品易于在国际市场销售，可以提高出口创汇能力；二是投资于制造业可以延伸产业链，带动相关产业的发展，增加就业。

体制性因素主要包括以下几个方面：①虽然服务业的垄断在逐渐被打破，但目前服务行业仍然存在着一些限制进入的壁垒，特别是服务业中的国有企业改革进展相对缓慢，活力不足；②许多企业迫于就业压力，把本来应该由专业服务企业提供的服务活动长期内部化，以达到安置富余职工的目的，例如，目前仍有70%左右的大中型国有商业企业和80%左右的国有工业企业拥有自己的车队，服务业的社会化程度低下；③限制农业人口向城市流动，导致城市化水平相对较低，抑制了对服务业的需求。

4. 服务业吸引国际直接投资的法律、法规不健全，服务标准化未得到广泛采用

近年来，在规范服务业国际直接投资方面，中国虽然已在《对外贸易法》等法律、法规原则指导下先后颁布了《海商法》、《商业银行法》、《保险法》、《民用航空法》、《注册会计师法》、《律师法》、《广告法》、《外资金融机构管理条例》等与服务业投资相关的法律、法规，但中国目前仍然没有专门针对服务业直接投资的立法，缺少一部统一的包括服务业国际直接投资的服务贸易基本法。

在国际范围内，随着服务业成为国际直接投资的重要领域，服务标准化也日渐成为服务业国际直接投资的重要议题。服务标准化的作用在于，就生产者而

言，可以以统一的标准对服务质量加以规范，减少所服务的产品贸易的重复检验，降低服务成本，增强竞争力；就消费者而言，可以提高服务的透明度，保障知情权，确保自身权益。由于我国服务业的社会化、商品化、产业化水平不高，服务体系发育程度较低，国际标准认证没有得到普遍采用，这在一定程度上削弱了对国际直接投资的吸引力。

三、中国服务业吸引国际直接投资的对策建议

为了适应国际直接投资变化趋势和中国今后吸引国际直接投资的变化特征，提高服务业吸引国际直接投资的能力和质量，在策略选择方面，中国今后应该重点考虑以下几个方面：

1. 进一步提升国内服务业产业结构，提高承接服务业国际直接投资的能力

根据产业投资的一般规律，在其他条件不变的情况下，投资主体的等量资本投资在与母国产业发展结构水平相同或较高的地区比投资在产业结构发展水平较低的地区可能获得更高的收益。就服务业国际直接投资而言，由于国际服务业的结构朝着知识密集型方向发展，因而只有发展知识密集型服务业的国家（地区）才能为国际直接投资提供更高的收益，也才能吸引更多的国际直接投资。鉴于中国目前服务业结构水平较为低下，餐饮、商业零售、交通运输等劳动和资源密集型的传统服务业仍然占据主体地位，现代服务业如电信服务、信息技术服务、现代物流、现代金融等比重偏低，无论就中国今后自身产业结构调整而言，还是就吸引更多的国际直接投资而言，大力发展现代服务业，改造和提升传统服务业，不断优化服务业结构，提高整体素质和国际竞争力都是十分必要的（李京，2005）。提升国内服务业产业结构，就是要优先发展信息服务、现代金融、现代物流、电子商务等支持国民经济高效运行的生产性服务业，大力发展咨询、法律服务、科技服务等中介服务行业，积极发展旅游、文化、体育等需求潜力大的行业。这些都属于知识技术密集型的服务行业，只有充分发展这些行业，才能形成高水平、结构合理的现代服务业结构体系，提高承接服务业国际直接投资的能力。

2. 加强国内引资环境建设，为扩大服务业吸引国际直接投资创造条件

服务业吸引国际直接投资是一项系统工程，它不仅取决于直接引资行业（企业）的吸引力，而且受整个国内引资环境的影响（陈墨，2004）。在引资法律、法规建设方面，一是针对中国目前仍然没有专门针对服务业外商直接投资的立法、尚未形成完善的法律体系的状况，在实践中，依照服务业的开放进程，要对

其予以不断的丰富和完善。二是对一些还缺乏可操作性的法律、法规，要制定出必要的实施细则和明确、配套的单项法规。另外，针对服务业中相当一部分服务的水平和质量事先无法确定，只有在服务过程中才能体现出来的特点，应加快服务业行业标准和行为规范的制定和完善，加快行业技术标准与技术规范的制定和实施，加快信用评价体系的建设和服务标准的制定，在服务行业中大力推广国际标准组织体系（ISO9000 系列）认证。在市场环境建设方面，一是要打破服务行业如教育、卫生和社会保障、市政基础设施和城市管理等领域中的行政垄断，通过深化改革，引进多元投资主体，促进发展。二是对电信、金融、保险、铁路运输、航空运输、广播电视等自然垄断性行业，除个别涉及国家安全和必须由国家垄断经营的领域外，都要进一步推进改革和完善改革措施。

3. 改善服务业吸引国际直接投资的基础

良好的投资基础是吸引服务业国际直接投资的前提条件。一般而言，服务业投资所需的基础条件包括硬件设施和软件基础两个方面。硬件设施主要是指为投资提供便利条件的交通、运输、通信、网络、水与土地资源的可获得性等。软件基础是指能够提高投资效率的人才、技术、公平的竞争环境等。先进、完备的硬件设施是吸引外资进入的必要条件，而优良、高效的软件基础则可直接对外资产生吸引力。中国服务业要想吸引更多的国际直接投资，就必须加强基础设施建设，改善投资基础条件。为此，要引导社会资源更多地投向服务业需要的一些基础设施，要注意扩大农村地区和中西部落后地区基础服务设施的覆盖面，形成便捷的全国交通、运输、通信、网络体系；要加快培养服务业所需的各类人才，有计划地引导现有高等院校和中等职业技术学校调整、增设服务业紧缺的专业，加强岗位职业培训，提高服务业从业人员水平，鼓励海外专业人才来华就业；同时，全面推进职业资格证书制度，建立服务业职业资格标准体系。

4. 提高国内服务消费水平，解除服务业国际直接投资的后顾之忧

投资所生产的产品能否实现市场出清是影响投资的最终限制性因素。目前，中国刚刚迈入下中等收入国家行列，人均收入水平还不高，城市化进程较慢，城乡差距过大，客观上限制了服务业发展的需求空间。因此，培养居民服务业消费能力，提高国内服务业消费水平，也就成为解除服务业国际直接投资后顾之忧、吸引更多国际直接投资的重要举措。为此，要从以下几个方面入手，扩大国内服务消费：一是将一些原来属于企业内部的职能部门和业务转移出去，由外部更加专业化的企业提供服务，以增加生产性服务消费（江小涓，2004）；二是提高居民收入水平，以增加消费性服务支出；三是着力培育新的、符合消费发展一般规律的服务品消费增长点。

第七章　借鉴与发展：印度发展服务外包的模式分析

20 世纪 90 年代末以来，服务业逐渐取代制造业成为国际直接投资中的主要领域，服务生产的离岸外移形式——服务外包因而兴起并得到迅速发展。印度是发展服务外包的发轫国之一，其服务外包走的是一条“以 ITO 为主要业务内容，发端于低端，完全依赖国外市场”的路径模式。这种模式保证了印度在服务外包初期阶段取得了成功，成为当今世界上承接服务外包最发达的国家；同时这一模式也成为制约其服务外包进一步发展的不利因素。因此，分析印度发展服务外包的模式，对于研究全球服务外包市场的发展规律和趋势具有重要的借鉴意义。

一、国际直接投资转向服务业与服务外包的兴起

随着世界经济和生产结构的不断演进、升级，国际直接投资的产业重点也随之发生着变化。20 世纪 80 年代以来，由于新技术革命不断深入发展，高新技术产业迅速在世界范围内兴起，技术密集型产业和服务业形成了庞大的国际需求与国际市场，国际直接投资向服务业投资变化的速度加快。1975 年，发达国家初级产业、第二产业和服务业的对外投资存量分别为 580 亿美元、1030 亿美元、680 亿美元，分别占对外投资总量的 25.3%、45%、29.7%，而到了 1997 年，各产业的对外投资存量都大幅增加，分别为 2850 亿美元、10670 亿美元、17670 亿美元。但各个产业的增加幅度差异很大，如 1990～1997 年，初级产业的年均增长率仅为 8.6%，第二产业为 9.75%，服务业最高，达到 13.7%，比初级产业高 5.1 个百分点。到了 1997 年，初级产业、第二产业和服务业的对外投资存量

占总存量的比重分别变为9.1%、34.2%和56.7%。[①] 初级产业和第二产业所占的比重大幅度下降。根据联合国专家估算，1990～2002年，全世界制造业的FDI流入存量增长了2.03倍，其中发达国家和发展中国家分别增长1.46倍和3.81倍；而同期全世界服务业的FDI流入存量增长了3.60倍，其中发达国家和发展中国家分别增长2.99倍和5.74倍。这种流量结构变化使服务业成为吸引国际直接投资的主要领域。2004年《世界投资报告》的统计也显示，2001～2002年，服务业占到整体FDI流入总量的2/3，约为5000亿美元，而在1989～1991年仅占44%；服务业在世界外国直接投资存量中的比重由20世纪70年代初期的1/4、90年代的不到一半发展到2002年的60%，约4万亿美元，这表明服务业已经取代制造业成为国际直接投资结构中的主流。

在国际直接投资向服务业转移的过程中，由于现代服务产品的核心内容——知识和信息因信息和通信技术的飞速发展而变得更加数字化、标准化，这使得服务业的生产过程可以通过生产地的重新配置来降低成本、提高质量和实现规模经济。这种服务生产的离岸外移形式就被称为服务外包。服务外包既是现代服务业国际转移过程中的一种业务现象，也是跨国公司实施归核化战略的结果。通过服务外包，发包商可以从外部获得特定服务业务的全面解决方案，减少或消除在该业务方面的费用和管理成本，将全部精力集中于核心能力的培育，从而提高其核心竞争力；而外包提供国家或地区也可以通过承接服务外包业务，整合国内现有资源，以优势部门融入世界经济，从而获得比较利益。信息技术外包和商务流程外包是服务外包的两种主要业务内容。2000～2003年，全球信息技术服务和业务流程服务的出口累计增长了31%，远远超出这一时期服务贸易和货物贸易21%和16%的增长速度。据联合国贸发会议2004年《世界投资报告：转向服务业》估计，未来几年全球服务外包市场将保持30%～40%的速度增长，2007年的服务外包额将达到1.2万亿美元。由此可见，服务外包正呈现出方兴未艾之势。

二、印度服务外包模式的特点及成功因素

目前，在国际服务外包市场上，美国、日本和欧盟是最主要的服务外包发包地，其中美国占2/3的份额，日本和欧盟占1/3的份额。而服务外包承接业务则

---

① 联合国贸发会议跨国公司与投资司.1999年世界投资报告：外国直接投资与发展的挑战［M］.北京：中国财政经济出版社，2000.

主要集中在印度、爱尔兰和东欧，其中印度是目前承接服务外包最为成功的国家。印度国家软件和服务公司协会（NASSCOM）的数据显示，2005 年印度软件外包额达到 195 亿美元，占同期全球软件服务外包额 819 亿美元的 23.8%；今后印度服务外包的增长速度将保持在 27% ~30%，到 2007 年服务与软件出口总额在 290 亿 ~310 亿美元；从个案看，2005 年，仅软件出口排名印度第一的塔塔咨询服务公司（TCS）的服务外包额就达到 29.7 亿美元。在服务外包方面，印度已构建了一个较为成熟的、具有典型意义的成功模式，其特点是“以 ITO 为主要业务内容，发端于低端，完全依赖国外市场”。

作为承接国际服务外包业务最早的国家之一，和其他国家相比，印度发展服务外包之所以能够取得成功，关键在于以下几个方面：

1. 合理的业务选择

服务外包主要分为信息技术外包（ITO）和业务流程外包（BPO）。ITO 的业务范围主要有 IT 系统操作服务、IT 系统应用管理服务和 IT 技术支持管理服务等，软件外包是 ITO 的主要形式。BPO 的业务范围主要有需求管理、企业内部管理、业务运作管理、供应链管理等，BPO 的业务形式主要有金融与财务分析服务、呼叫中心、客户服务、采运服务、市场调查与分析等。选择哪种外包形式涉及整合国内资源、提高国际竞争力的问题。在印度国内，长期以来软件服务市场属于买方市场，严重供过于求。一方面，由于政府政策的鼓励，软件研发发展迅速；另一方面，由于印度国内基础设施薄弱，2000 年，印度全国总共只有 120 万台个人电脑，人均拥有量在世界上属于最低国家之列，而电话线的千人拥有量只有 8 条,[①] 远远低于发达国家，甚至低于发展中国家的平均水平。国内难以消化的软件供给，只能寻求国外市场的需求。而此时的美国经济连续出现强势增长，需要大量的软件供给，一些企业开始将一些非核心的软件研发业务外包出去，以降低成本，提高核心竞争力。印度软件业正是把握住了这种机遇，大力发展对美国的软件外包。以软件外包为切入点，国内供过于求的软件供给找到了释放的路径，从而形成了“研发促成软件外包、软件外包带动研发”的良性循环。

2. 准确的市场定位

准确定位承接服务外包市场是印度服务外包能够迅速发展的关键因素。全球发包市场主要集中在美国、欧盟和日本，其中美国占 2/3 的份额，欧盟和日本占 1/3 的份额。面对全球服务发包市场，是选择在全球服务外包市场上进行竞争，还是先选择某一个国家的市场作为服务对象，是服务外包企业在开展服务外包时必须首先解决的问题。实践证明，印度做出了正确的选择：以与本国有密切联系

① 匡小苏．中印软件产业比较［J］．开放导报，2000（4）．

的美国作为承接对象。这种联系表现在：一方面，印度文化深受英语语系国家的影响，在文化上与美国有“认同感”；另一方面，印度的许多软件开发人员都有在美国研发的经历，他们了解美国 IT 技术发展的状况以及外包的技术取向，很多外包业务甚至都是“将在美国的工作带回到印度来做”而形成的。

3. 完备的政策体系

印度政府为服务外包的迅速发展提供了一个良好的政策环境。从 20 世纪 80 年代中期提出“要用教育和电子革命把印度带入 21 世纪”的口号，到“十五”计划（2002～2007 年）明确将 IT 产业发展作为战略重点，印度政府为了扶植计算机和软件产业发展，先后制定了多项支持、鼓励政策。例如，1986 年为了明确软件产业发展的战略目标、采取相应的优惠政策而制定的《计算机软件出口、软件发展和软件培训政策》，为计算机软件出口企业发展提供资金、组织人员培训、简化投资和进口手续、减免国内货物税、实行 10 年免税等。1991 年 6 月，印度在班加罗尔创建了全国第一个计算机软件技术园区，其后又在金奈、海得拉巴、孟买、加尔各答等地建立了 18 个具有国际先进水平的软件技术园区，并对园区的企业实行各种优惠政策，如符合条件的软件企业 2010 年前免征所得税、研发所需进口的软件实施零关税优惠、为开发软件而进口的硬件设备实施关税减让、对软件和服务公司的银行贷款实施“优先权”。1998 年由政府设立风险投资基金，用于支持中小企业发展。同时，为了保护知识产权，保护企业和消费者的信息安全，为信息服务纠纷解决提供法律规范，印度也在不断地完善相关法律，于 1994 年出台了世界上最严厉的《新版权法》。2000 年通过了《信息技术法》和《半导体集成电路设计法》。此外，为了保证软件公司的规范运作，NASSCOM 还规定，凡拥有 10 名员工以上的软件公司必须达到 ISO9001 标准认证。这些政策法规为印度服务外包尤其是软件服务外包的兴起和快速发展发挥了积极的促进作用。

4. 丰富的人才储备

20 世纪 80 年代中期提出“要用教育和电子革命把印度带入 21 世纪”的口号以后，印度逐渐形成了“全民学软件”的风尚，培养了一大批被世界誉为“一高一低”型的“软件蓝领”。“一高”是专业素质高，“一低”是工资诉求低。[①] 这种人才结构的形成是与印度系统化、规范化的软件人才培养模式密不可分的。以印度著名的软件人员培训机构 APTECH 的 ACCP 软件课程培养计划为例，培养一名“软件蓝领”须严格经过三级培训：首先用 160 个学时学习初级程序，其次用 184 个学时学习程序设计，最后用 330 个学时学习系统分析。以

① 印度软件设计人员的工资水平在 800～1000 美元，虽然远远高于普通印度人的收入，但却只有美国同类人员工资水平的 1/10～1/5。

APTECH 的培养模式为代表，目前印度已经形成了印度理工学院居于顶端、各大学居中、国家信息技术学院居于底层的金字塔式的人才培养体系，这一完整的体系每年为印度培养软件设计人员约 178000 人。在软件教育中，印度还十分重视软件研发的标准化建设。印度软件企业的质量管理及认证除了国际通用的 ISO 质量体系认证外，还采用目前世界软件业公认的权威性认证——美国梅隆·卡耐基大学软件工程设计院研发的软件能力成熟度模型 CMM 等级认证体系。目前，印度已有上百家软件企业获得了该体系最高的 CMM5 级认证证书。[①] CMM 认证目前已成为行业公认的选择外包合作者的“指标体系”，CMM 体系等标准化建设促进了印度软件开发的国际化，使印度的软件服务外包竞争力得以大大提高。因此，系统、规范的教育为印度软件外包的发展储备了丰富的、标准化的软件开发人才。

三、服务外包的发展趋势与印度服务外包模式存在的问题

经过十几年的发展，服务外包的参与主体和业务内容都发生了很大的变化。就参与主体而言，过去是发达国家构成服务外包需求方，发展中国家构成服务外包供给方，现在出现了交叉存在的局面，即需求方中出现了发展中国家，供给方中出现了发达国家，而且加入的国家越来越多。就业务内容而言，开始时的服务外包领域是信息技术外包，主要内容是软件外包；现在的服务外包则倾向于商务流程外包，主要内容为金融与财务分析服务、呼叫中心、客户服务、采运服务、市场调查与分析等，而且服务外包的内容还在不断扩展。同时，作为服务外包市场上最主要的业务需求者，制造业跨国公司对服务外包的需求内容也随着其归核化战略的实施而发生了深刻变化，由原来只注重“单项业务”外包向寻求“综合解决方案”转变，将原来在内部从事的非核心业务外化为专业服务公司发包给企业以外的服务提供者去完成。

服务外包的这种变化趋势向服务外包的传统方式提出了挑战。在新的变化趋势下，印度发展服务外包的模式也暴露出了一些问题，尤其是在国际外包市场竞争日益激烈的情况下，这些问题对印度服务外包的进一步发展产生了严重阻碍。

---

① 2005 年，全球通过 CMM 最高认证即 CMM5 认证的软件企业只有 7%，其中印度占了大部分，而中国通过 CMM5 认证的，包括外资公司，如塔塔信息技术（上海）有限公司、摩托罗拉中国软件中心等，只有不到 20 家。

1. 囿于低端外包，缺乏自主品牌

印度的软件服务外包是利用本国的人力资源优势承接发达国家的非核心软件项目，而发达国家发包的这些非核心软件项目基本上属于为主机系统服务的小型应用程序、为现成系统和客户服务系统提供升级服务的程序等应用型软件，技术含量低，在软件产业链中处于低端。因此，印度以软件服务外包为基础形成的软件产业也相应地处于下游。这种处于产业链下游的低端服务外包，附加值低，难以形成自主品牌。2005 年，印度拥有 100 万名软件人员，创造了 234 亿美元的出口总额，但与 IBM 和微软相比，却是“不可同日而语”的。例如，IBM 软件部门只有 3 万名员工，年营业额却是 170 亿美元，接近于整个印度的出口总额；而微软只有 6 万名员工，年销售额为 400 多亿美元，几乎相当于两个印度的出口总额。[①] 印度软件外包这种低附加值的“来料加工”模式，是以发包国家的系统软件作为研发平台的，其软件业发展的结构和水平受发包企业的需求约束，缺乏自主品牌，失去了发展的自主性。

2. 缺乏国内支撑，过分依赖国外市场

一开始，印度的软件业就设定了走外包型道路的发展路径。从软件设计人员培训课程的设置到研发流程设计，从软件销售渠道的设定到市场合作伙伴的寻求，无不围绕外包而展开。印度软件产品的 90% 以上提供给外国消费者，而国内市场销售则十分有限。这种“外强内弱”的销售结构真实反映了印度国内软件消费不足的状况。国内市场消费不足，就难以给软件业的发展以坚实的支撑，一旦国际市场出现需求下降，或者竞争加剧，软件外包受阻，就会倒逼国内软件业，使国内软件业发展受到影响。另外，印度国内对软件业发展缺乏支撑还表现在国内的基础设施落后、商业信誉基础薄弱等方面。例如，印度国内停水、停电等现象时有发生，严重阻滞了软件外包企业按时完成外包任务；印度人之间的诚信观念较为淡薄，跳槽风气日盛，经常出现客户数据的保障问题。诸如此类的现象在一定程度上损坏了印度外包业的信誉。

3. 市场过度集中，存在较大风险

很显然，印度的软件业是依靠来自美国的外包业务发展起来的，而印度软件外销的 65% 以上也都出口到美国。印度软件外包市场过度集中于美国，对美国市场产生了极大的依赖性。尽管这种发展模式在一定时期内大大促进了印度软件外包及软件业的发展，但一旦美国市场出现风险，就会给印度软件外包及软件业造成致命打击。2005 年以来，美国国内劳工组织和政界以服务外包不利于就业为由对服务外包提出了反对意见，要求政府通过制定法案限制美国的服务外包。

① 计红梅．软件业：中国如何赶超印度［EB/OL］．科技网，2006－10－18.

2003年12月和2004年1月，美国国会众议院和参议院分别通过法案，禁止美国联邦政府机构将政府项目外包给非美国公司；2004年3月，美国参议院通过法案，禁止将联邦政府出资的项目外包到海外；国会及30多个州议会已通过或提出有关限制美国公司离岸服务外包的议案。印度政府对美国限制服务外包的做法强烈反对，认为这一举措主要是针对印度。而美国制定限制服务外包的有关法案以后，印度从美国承接的服务外包确实也有所下降，因此，印度的许多软件外包公司如Infosys、Wipro、TCS等已经开始将承包目标转向西欧市场，有些公司也开始在中国设立分支机构，试图以中国为跳板抢占日韩市场，以分散市场过于集中的风险。

4. 业务结构单一，竞争潜力有限

软件外包只是众多服务外包业务中的一种业务形式。尽管当前的软件外包是服务外包中的最主要构成，更是印度服务外包的命脉，但从发展趋势看，随着经济全球化的发展，商品、金融、生产等全球联系的进一步加深，服务外包的其他业务形式如IT系统操作服务、IT系统应用与技术支持管理服务、金融与财务分析服务、保险服务、呼叫中心、客户服务、采购与运输服务、市场调查与分析服务、旅游服务等都将不断增加，并且正逐渐构成服务外包的主要内容。在服务外包业务向多元化发展的背景下，这种“单一软件外包”的模式将面临越来越严峻的挑战。首先是来自竞争对手的挑战。近几年来，印度软件外包“一枝独秀”的格局逐渐被打破，东欧、拉美、东南亚国家和地区正在不断加入国际服务外包的竞争行列，软件外包的市场“份额单位”越来越小。其次是来自印度软件外包企业自身的挑战。软件的研发是一项高智力的活动，从事软件研发的人员需要严格的专门培训，因而研发人员的能力结构存在单一性倾向；同时，软件外包企业的基础设施投入也多具有软件研发的特性。这就造成了印度软件外包具有较强的“资产专用性”，从而限制了其从事其他外包服务。

5. 国内吸引的制造业跨国公司少，“为生产服务”的外包发展基础薄弱

服务业可以分为“为生活的服务”和“为生产的服务”。因此，承接服务外包，既可以从服务业跨国公司的归核化战略中获得商机，也可以通过延长制造业跨国公司的产业链，向制造业跨国公司提供相关商务服务而获得业务。① 印度从1991年开始实行“新经济政策”以来，尽管采取了许多放宽限制和引进外资的政策措施，促使印度的直接投资规模不断扩大，但整体吸收的外资仍然较少。截至2004年9月，印度政府累计批准外商直接投资总额约650亿美元，实际利用外资约378亿美元，2005年和2006年印度实际利用外资分别为50亿美元和75

① 詹晓宁，邢后媛．服务外包：发展趋势与承接战略［J］．国际经济合作，2005（4）．

亿美元。[①] 而中国 2006 年实际吸引的国际直接投资为 630 亿美元。因此，印度国内吸收的制造业国际直接投资比较少。由于国内制造业跨国公司投资较少，其相关产业链条的延伸也就相应有限，因而难以为服务外包提供较多的业务机会。这严重制约了印度国内发展“为生产服务”的服务外包。

印度是发展服务外包的发轫国之一，也是在承接软件服务外包方面最为成功的国家之一。因此，印度发展服务外包具有普遍意义，其模式也具有一定的代表性。分析和借鉴印度发展服务外包的模式，对于研究全球服务外包市场的发展规律具有重要的借鉴意义。

① 印度吸引外商直接投资情况及其发展趋势［N］．国际投资招商报，2004－12－23.

第八章 中国发展服务外包的路径选择

随着2006年10月商务部促进服务外包发展“千百十工程”的实施，中国服务外包进入快速发展阶段。目前，国际上较为流行的服务外包模式是以印度为代表的信息技术外包。由于中国与印度在信息产业发展和吸引外资方面存在较大差距，中国不可能照搬印度发展服务外包的成功模式，那么，印度发展服务外包的模式对中国有什么启示？中国发展服务外包又该做怎样的路径选择呢？

一、服务外包的兴起与ITO业务模式：以印度为例

20世纪90年代以来，国际直接投资逐渐向现代服务业转移，而现代服务产品的核心内容——知识和信息因信息和通信技术的飞速发展而变得更加数字化、标准化，这使得服务业的生产过程可以通过生产地的重新配置来降低成本、提高质量和实现规模经济。这种服务生产的离岸外移形式就被称为服务外包。服务外包既是现代服务业国际转移过程中的一种业务现象，也是跨国公司实施归核化战略的结果。通过服务外包，外包提供商可以从外部获得特定服务业务的全面解决方案，减少或消除在该业务方面的费用和管理成本，将全部精力集中于核心能力的培育，从而提高其核心竞争力；而承包国家或地区也可以通过承接服务外包业务，整合国内现有资源，以优势部门融入世界经济，从而获得比较利益。信息技术外包和商务流程外包是服务外包的两种主要业务内容。2000～2003年，全球信息技术服务和业务流程服务的出口累计增长了31%，远远超出这一时期服务贸易和货物贸易21%和16%的增长速度。据联合国贸发会议2004年《世界投资报告：转向服务业》估计，未来几年全球服务外包市场将保持30%～40%的速度增长，2007年的服务外包额将达到1.2万亿美元。由此可见，服务外包正呈现

出方兴未艾之势。

目前，在国际服务外包市场上，美国、日本和欧盟是最主要的服务外包发包地，其中美国占2/3的份额，日本和欧盟占1/3的份额。而服务外包承接业务则主要集中在印度、爱尔兰和东欧，其中印度是目前承接服务外包最为成功的国家。印度国家软件和服务公司协会（NASSCOM）的数据显示，2005年印度软件外包额达到195亿美元，占同期全球软件服务外包额819亿美元的23.8%；今后印度服务外包的增长将保在27%~30%，到2007年服务与软件出口总额在290亿~310亿美元。在服务外包方面，印度已构建了一个较为成熟的、具有典型意义的成功模式，那就是“以ITO为主要业务内容，发端于低端，完全依赖国外市场”。

印度ITO模式之所以能获得成功，关键在于以下几个因素的支撑：

首先，印度政府为服务外包的迅速发展提供了一个良好的政策环境。从20世纪80年代中期提出“要用教育和电子革命把印度带入21世纪”的口号，到“十五”计划（2002~2007年）明确将IT产业发展作为战略重点，印度政府为了扶植计算机和软件产业发展，先后制定了多项支持、鼓励政策。例如，1986年为了明确软件产业发展的战略目标、采取相应的优惠政策而制定的《计算机软件出口、软件发展和软件培训政策》，为计算机软件出口企业发展提供资金、组织人员培训、简化投资和进口手续、减免国内货物税、实行10年免税等。1991年6月，印度在班加罗尔创建了全国第一个计算机软件技术园区，其后又在金奈、海得拉巴、孟买、加尔各答等地建立了18个具有国际先进水平的软件技术园区，并对园区的企业实行各种优惠政策，如符合条件的软件企业2010年前免征所得税、研发所需进口的软件实施零关税优惠、为开发软件而进口的硬件设备实施关税减让、对软件和服务公司的银行贷款实施“优先权”。1998年由政府设立风险投资基金，用于支持中小企业发展。同时，为了保护知识产权，保护企业和消费者的信息安全，为解决信息服务纠纷提供法律规范，印度也在不断地完善相关法律，于1994年出台了世界上最严厉的《新版权法》。2000年通过了《信息技术法》和《半导体集成电路设计法》。此外，为了保证软件公司的规范运作，NASSCOM还规定，凡拥有10名员工以上的软件公司必须达到ISO9001标准认证。这些政策法规为印度服务外包尤其是软件服务外包的兴起和快速发展发挥了积极的促进作用。

其次，系统、规范的教育为印度软件外包的发展储备了丰富的、标准化的软件开发人才。提出“要用教育和电子革命把印度带入21世纪”的口号以后，印度逐渐形成了“全民学软件”的风尚，培养了一大批被世界誉为“一高一低”型的“软件蓝领”。“一高”是专业素质高，“一低”是工资诉求低。这种人才结构的形成是与印度系统化、规范化的软件人才培养模式密不可分的。以印度著名的软件人员培训机构 APTECH 的 ACCP 软件课程培养计划为例，培养一名“软件蓝领”须严格经过三级培训：首先用 160 个学时学习初级程序，其次用 184 个学时学习程序设计，最后用 330 个学时学习系统分析。以 APTECH 的培养模式为代表，目前印度已经形成了印度理工学院居于顶端、各大学居中、国家信息技术学院居于底层的金字塔式的人才培养体系，这一完整的体系每年为印度培养软件设计人员约 178000 人。在软件教育中，印度还十分重视软件研发的标准化建设。印度软件企业的质量管理及认证除了国际通用的 ISO 质量体系认证外，还采用目前世界软件业公认的权威性认证——美国梅隆·卡耐基大学软件工程设计院研发的软件能力成熟度模型 CMM 等级认证体系。目前，印度已有上百家软件企业获得了该体系最高的 CMM5 级认证证书。CMM 认证目前已成为行业公认的选择外包合作者的“指标体系”，CMM 体系等标准化建设促进了印度软件开发的国际化，使印度的软件服务外包竞争力得以大大提高。

最后，准确定位承接服务外包市场是印度服务外包能够迅速发展的关键因素。面对全球服务发包市场，是选择在全球服务外包市场上进行竞争，还是先选择某一个国家的市场作为服务对象，是服务外包企业在开展外包时必须首先解决的问题。实践证明，印度做出了正确的选择：以与本国有密切联系的美国作为承接对象。这种联系表现在：一方面，印度文化深受英语语系国家的影响，在文化上与美国有“认同感”；另一方面，印度的许多软件开发人员都有在美国研发的经历，他们了解美国 IT 技术发展的状况以及外包的技术取向，很多外包业务甚至都是“将在美国的工作带回到印度来做”而形成的。另外，准确的市场定位还表现在业务选择方面。印度选择以软件外包作为发展服务外包的切入点，既充分发挥了印度软件开发人才丰富的优势，又在其国内形成了“研发促成软件外包、软件外包带动研发”的良性循环，保证了 ITO 模式发展的可持续性。

二、ITO 模式的缺陷：缺乏自主创新，增长空间有限

ITO 模式是利用本国的人力资源优势承接发达国家的非核心软件项目，而发达国家发包的这些非核心软件项目基本上属于为主机系统服务的小型应用程序、为现成系统和客户服务系统提供升级服务的程序等应用型软件，技术含量低，在软件产业链中处于低端。因此，以软件服务外包为基础形成的软件产业也相应处于下游。这种处于产业链下游的低端服务外包，附加值低，难以形成自主品牌。

2005年，印度拥有100万名软件人员，创造了234亿美元的出口总额，但与IBM和微软相比，却是“不可同日而语”的。例如，IBM软件部门只有3万名员工，年营业额却是170亿美元，接近于整个印度；而微软只有6万名员工，年销售额为400多亿美元，几乎相当于两个印度。印度软件外包这种低附加值的“来料加工”模式，是以发包国家的系统软件作为平台的，其软件业发展的结构和水平受发包企业的需求约束，缺乏自主品牌，失去了发展的自主创新性。

ITO模式下的服务外包业务由于过于集中在软件外包上，造成业务结构单一、增长空间受限。尽管当前的软件外包是服务外包中的最主要构成，更是印度服务外包的命脉，但是，软件外包毕竟只是众多服务外包业务中的一种业务形式。从发展趋势看，随着经济全球化的发展，商品、金融、生产等全球联系的进一步加深，服务外包的其他业务形式如IT系统操作服务、IT系统应用与技术支持管理服务、金融与财务分析服务、保险服务、呼叫中心、客户服务、采购与运输服务、市场调查与分析服务、旅游服务等都将不断增加，并且正逐渐构成服务外包的主要内容。在服务外包业务向多元化发展的背景下，印度这种“单一软件外包”的模式将面临越来越严峻的挑战。首先是来自竞争对手的挑战。近几年来，印度软件外包“一枝独秀”的格局逐渐被打破，东欧、拉美、东南亚国家和地区正在不断加入国际服务外包的竞争行列，软件外包的市场“份额单位”越来越小。其次是来自印度软件外包企业自身的挑战。软件的研发是一项高智力的活动，从事软件研发的人员需要严格的专门培训，因而研发人员的能力结构存在单一性倾向；同时，软件外包企业的基础设施投入也多具有软件研发的特性。这就造成了印度软件外包具有较强的“资产专用性”，从而限制了其从事其他外包服务。

三、BPO与中国发展服务外包：合意性与长期增长

服务外包是与加工外包相辅相成的一种业务外包形式。中国在承接加工外包方面已经取得了成功，但在发展服务外包尤其是软件外包方面，与印度等国相比却存在着相当的差距。根据赛迪顾问股份有限公司发布的《2005～2006年中国软件外包服务市场研究年度报告》，2005年中国的软件外包额虽然增速较快，达到9.2亿美元，但全球占比只有1.1%，是印度的3.9%；东软集团外包收入虽然增长了90%，达到6270万美元，但其外包收入额也只有印度塔塔咨询服务公司同期的4.7%。中国服务外包与国际服务外包之间的巨大差距引起了中国政府

的高度重视。2006年9月，在厦门召开的“中国国际投资贸易洽谈会”上，时任国务院副总理吴仪在接见跨国公司代表时表示，承接以跨国公司为主的各类服务外包将成为中国吸引外资的新领域，中国将积极创造条件承接国际服务外包。

中国与印度在信息技术产业发展模式和吸引外资方面存在较大的差异，如中国软件产值的90%来自国内，而印度的80% ~90%则来自国外①；2004年和2005年中国吸引外资分别为606亿美元和724亿美元，是全球第三大外国直接投资东道国，而印度同期吸引外资则分别只有53亿美元和65亿美元②；中国2006年上半年吸引外资为285亿美元③，而印度2006~2007年吸引外资的目标只是100亿美元④。因此，在发展服务外包方面，中国不可能走与印度相同的道路。参考印度的ITO模式，结合中国自身优势，我们认为，中国发展服务外包的条件不适合ITO模式，而与BPO模式具有较强的合意性。BPO模式的业务涉及生产、采购、销售等商务流程的各个环节，其发展要求以加工制造业的充分发展为支撑，而中国吸引的巨额国际直接投资则可以满足这一要求。

中国发展服务外包起步较晚，业务量较少。为了保持BPO业务的长期稳定持续增长，今后在发展服务外包方面应采取以下对策：

首先，延长在华跨国公司的业务链，发展“全程式”服务外包。实行服务外包是跨国公司实施归核化战略的具体业务体现，跨国公司转移出去的非核心业务将构成今后BPO的主要内容。目前，世界500强跨国公司大多已在中国投资，现存外资企业数十万家，并且这些跨国公司的投资越来越朝着有利于服务外包的方向发展。根据《全球500家大公司在华投资企业概览》⑤的统计资料，全球500家大公司1983~2003年在中国投资设立的企业，按行业属性划分，显示了两种有利于BPO的发展趋势：一是服务业跨国公司进入中国的数量越来越多。位列全球500强首位的Wal - Mart Stores从1999年3月开始进入中国至2003年4月，共在中国设立了各类分支结构43家。Citigroup 1990~2003年共在中国设立各种分支机构10家，其中大部分设立于2000年之后。其他诸如商业服务、金融保险、电信、软件、高技术研发、运输等行业的投资企业在总投资中所占的比重也越来越高。二是非服务业跨国公司在中国设立的企业中，从事商业、金融保险、资产管理、研发、咨询、技术培训等服务业务的越来越多。如Exxon Mobil、Royal Dutch/Shell、General Motor、Ford Motor、Daimler Chrysler等都设立有类似

① 于欣烈．完全复制印度模式会失去我们的优势［J］．环球企业家（印度特辑十五），2006（7）．

② 联合国贸发会议．2006年世界投资报告［M］．北京：中国财政经济出版社，2006.

③ 从2006年上半年全国吸引外资数据看发展趋势及特点［EB/OL］．www. investment. gov. cn，2006 -09 -20.

④ 世界在敲印度的大门［EB/OL］．观察家报，www. 21our. com，2006 -03 -01。

⑤ 王志乐．2005跨国公司在中国报告［M］．北京：中国经济出版社，2005.

的分支机构，有些公司甚至将研发中心迁到中国，把中国作为其全球业务的研发服务中心。已有的在华投资的跨国公司的业务特点为我们发展“全程式”服务外包提供了有利条件：既可以从服务业跨国公司的归核化战略中获得商机，也可以延长制造业跨国公司的产业链，向制造业跨国公司提供相关的商务服务，[①] 全方位发展 BPO 业务。

其次，以承接日韩服务外包为突破口，逐步开拓欧美服务外包市场。日本和韩国都是国际上服务发包较多的国家，无论在文化渊源、地理位置，还是人脉关系方面，中国都具有承接这两个国家服务外包的先天优势。同时，这两个国家在中国的制造业投资也较多，均居中国吸引外资前列。以大连为例，截至 2005 年 12 月底，日本在大连的企业共有 3184 家，美国有 1407 家，欧洲总共只有 644 家。较多的制造业投资也为开展 BPO 业务提供了业务潜力。实际上，包括大连、北京、上海、深圳等在内的中国承接服务外包较为发达的城市，已经形成了承接日韩服务外包的服务外包中心。大连在开拓日本服务外包市场方面表现得尤为突出，“在日本，有 23% 与 IT 领域相关的贸易组织在享受由国外特别是中国提供的离岸外包服务……一些日本公司已经将其呼叫中心和后台业务办公室建在了大连……”[②]，而呼叫中心和后台服务正是 BPO 的内容。这种现象表明，我国在承接日本 ITO 业务的基础上，BPO 业务也开始发展。尽管日韩市场在中国服务外包中占据重要位置，但日韩市场毕竟在全球服务外包市场中所占份额较小，只有 10% 左右，更大的市场在美国和欧洲。随着促进服务外包发展的“千百十工程”的实施，中国对外承接服务外包的业务必将不断扩大。为了避免重蹈印度因市场过于集中而风险较大、增长空间有限的覆辙，在稳步发展日韩服务外包市场的同时，还要积极开拓欧美服务外包市场，以分散风险，不断扩展市场空间。

最后，培养复合型服务外包人才，为全程承接服务外包储备人才资源。印度服务外包业务之所以存在“囿于低端”、“结构单一”的问题，关键原因就在于其培养的服务外包人才大都只适合做“低端的软件蓝领工作”，也就是只能从事一些非核心的软件业务。固然，这种人才在低端服务外包市场上具有明显的竞争优势，但随着服务外包市场竞争的加剧以及服务外包由单纯的软件外包向软件开发和商务流程等纵深方向发展，其适应性和竞争力将会越来越弱。因此，我们要吸取印度在人才培养方面的教训，从一开始就注重培养既能承接“来料加工”业务，又能从事独立开发尤其是嵌入式软件开发业务，既可以从事信息技术服务外包，又能够承接商务流程服务外包的复合型服务外包人才。

---

① 詹晓宁，邢后媛．服务外包：发展趋势与承接战略［J］．国际经济合作，2005（4）．

② 联合国贸发会议．2004 年世界投资报告：转向服务业［M］．北京：中国财政经济出版社，2004.

第九章　附录

附录一：振兴软件产业行动纲要（2002年至2005年）

（国办发〔2002〕47号）

软件产业是国民经济和社会发展的基础性、战略性产业。近年来，我国软件产业的政策环境不断改善，增长速度明显加快，软件产业对经济社会发展的作用逐步增强。但总体上看，我国软件产业规模偏小、技术创新能力不强、缺乏国际竞争力。为认真贯彻落实《国务院关于印发鼓励软件产业和集成电路产业发展若干政策的通知》（国发〔2000〕18号，以下简称《通知》），进一步明确发展目标，采取切实有效措施，尽快提高我国软件产业的总体水平和国际竞争力，特制定《振兴软件产业行动纲要（2002年至2005年）》（以下简称《行动纲要》）。

一、指导思想和目标

振兴软件产业指导思想：贯彻“以信息化带动工业化”的方针，以市场为导向，以企业为主体，充分利用国内外两种资源、两个市场，优化产业发展环境，努力满足国内市场需求，积极扩大出口。依靠体制创新和技术创新，加大人才培养力度，推进结构调整，壮大产业规模，提升国际竞争力，逐步形成具有自主知识产权的软件产业体系，实现我国软件产业的跨越式发展。

发展目标：到2005年，软件市场销售额达到2500亿元，国产软件和服务的国内市场占有率达到60%；软件出口额达到50亿美元；培育一批具有国际竞争力的软件产品，形成若干家销售额超过50亿元的软件骨干企业；软件专业技术人才达到80万，人才结构得到优化；在国民经济和社会发展的关键领域大力发展具有自主知识产权的软件产品和系统。

二、发展思路和工作重点

实现2005年软件产业发展目标，要针对我国软件产业发展的制约瓶颈，采取有效措施，把政府的引导、扶持作用与市场在资源配置中的基础性作用结合起来，把满足国内市场需求与积极扩大出口结合起来，把培养人才、完善人才激励机制与引进国外高层次人才结合起来，推进软件产业更快更好地发展。

（一）鼓励应用，内需拉动，促进软件产业发展

发展软件产业必须坚持以应用为主导。我国国内市场潜力巨大，随着信息化进程的不断加快，这一优势将更加明显。在国民经济和社会发展的各个领域广泛应用信息技术，是拉动软件产业发展的重要动力，也是促进软件产业发展的着力点。

充分发挥政府的带头、引导和组织作用。政府部门要率先垂范，带动企事业单位和全社会使用正版软件和国产软件。对使用财政性资金的软件产品和信息化系统工程实施政府采购。通过电子政务、现代远程教育、农业信息化、制造业信息化、数字电视、“数字奥运”等一批国家重大信息化应用工程，组织实施软件产业化示范项目。

通过制定利用信息技术提升传统产业的鼓励政策和技术装备政策，促进传统行业、骨干企业在结构调整和产品升级中积极采用信息技术。在机械、化工、冶金、有色、石油、电力、造船、轻工、纺织、汽车、制药等行业中，选择一批重点企业，建立信息技术应用示范工程和示范生产线。鼓励和引导软件企业与应用行业建立长期合作关系，重点开发大型行业应用软件、行业应用中间件、工业自动化软件、嵌入式软件等产品。

促进服务业大力采用软件产品和服务。金融、旅游、商贸、社区服务等行业要通过采用软件产品和服务，丰富服务内容、提高服务质量。培育和发展文化、娱乐软件市场，用健康向上的娱乐软件占领文化阵地，满足城乡居民不同层次文化生活需求，促进社会主义精神文明建设。

（二）坚持开放，扩大出口，积极参与国际合作与竞争

要充分利用我国加入世界贸易组织的机遇，以更加积极的姿态，扩大开放，大胆吸收和借鉴符合国际惯例的生产经营方式和管理方法，增强软件产业创新能力和国际竞争力。

完善政策，促进出口。利用国家软件产业基地和其他软件园区的现有条件，建立若干个软件出口基地。实施适合软件交易特点的出口管理办法，为软件企业扩大出口创造条件。支持软件企业承担委托加工项目，逐步提高出口软件的技术

含量和附加值，逐步把我国软件出口拓展到应用服务、系统工程承包和自主知识产权的软件产品。推行软件工程过程管理，提高软件产品质量和企业管理水平，增强开拓国际市场的能力。加快软件出口服务体系建设，研究建立与重点市场国家和地区的相关行业组织的信息交换机制，研究分析国际软件市场和技术发展动态，为企业提供市场信息服务。

改善投资环境，加大利用外资力度。吸引海外创业投资基金投资于我国软件产业。鼓励跨国公司在我国设立软件研究开发机构和生产企业。通过与国际著名信息企业合资、合作，壮大我国软件产业规模，培养高层次的系统分析、设计和管理人才，提高我国软件企业的管理水平和出口能力。

把“引进来”和“走出去”结合起来，在鼓励有条件的软件企业对外投资的同时，支持有竞争力的企业跨国经营，到境外设立研究开发、市场营销和服务机构。

（三）深化改革，鼓励竞争，形成一批软件骨干企业

发展壮大软件企业特别是骨干企业，是满足国内市场需求的基础，也是开拓国际市场、提高国际竞争力的关键。要在体制创新、技术创新和市场体系建设等方面，为软件企业发展创造条件。

深化体制改革，整合软件产业资源，形成符合市场经济要求和软件产业发展规律的企业成长机制。充分发挥市场在资源配置中的基础性作用，规范软件行业竞争秩序，打破部门、行业垄断和地区封锁，为企业发展创造良好的市场环境。以行业应用为重点，引导软件企业通过改组、联合、兼并以及上市发行股票等多种方式，发展专业性产品和增值服务，加快形成一批具有行业特色、产业优势、规模效应和品牌形象的龙头企业。支持和发展系统集成、集成电路设计、网络服务、信息系统咨询和维护、外包等信息服务业，逐步完善软件产业体系，培育专业化的软件服务企业。鼓励各行业内的软件开发部门转变经营机制，走社会化、专业化、企业化的发展道路。

加强技术创新和管理创新，增强企业发展后劲。加强产学研用结合，研究开发具有自主知识产权的软件产品与技术，提高软件骨干企业的研究开发能力，力争在关系国民经济命脉和信息安全的关键技术领域取得突破。推行软件开发过程管理、项目管理、人力资源管理，重视标准化和质量体系建设，推广应用软件构件和复用技术，提高企业工程化管理能力，实现软件工业化生产。

（四）面向需求，培养人才，为软件产业发展提供智力支持

要把人才队伍建设，营造用好人才、吸引人才和培养人才的良好环境，作为发展软件产业工作的重中之重。加强制度创新，完善人才激励机制，稳定和扩大高级管理人才队伍，造就一批技术骨干和项目管理人才。面向企业和市场需求，

通过学历教育、职业教育、继续教育和培训等多种形式，加快培养软件经营管理人才、国际市场开拓人才、精通行业应用的高级软件人才，改善软件人才结构。大规模培养软件初级编程人员，满足软件工业化生产的需要，扩大就业。加强国际合作，采取多种措施吸引海外高层次人才。

三、主要政策措施

继续全面深入贯彻落实《通知》精神，认真解决制约我国软件产业发展的矛盾和问题，营造良好的发展环境。各有关方面要充分发挥作用，通力合作，加大对软件产业发展的支持力度。

（一）提高企业技术创新能力

以软件产业化为目标，以重大软件技术创新为重点，以骨干企业为主体，建立一批国家软件工程中心，继续加强软件产业基地建设。国家科技经费向软件产业倾斜，重点支持面向产业化的基础性、战略性、前瞻性和重大关键共性软件技术研究开发，主要包括操作系统、大型数据管理系统、网络平台、开发平台、信息安全、嵌入式系统、大型应用软件系统、构件库等基础软件和共性软件。鼓励跨国公司与我国企业、大学、科研机构等联合设立研究开发机构，共同研究开发基础软件、工具软件等方面制约软件产业发展的关键技术。加强软件标准的研究与制订，逐步完善软件标准化体系，重视软件评测工作，促进企业提高质量管理能力。

（二）优先采用国产软件产品和服务

制定政府采购软件产品和服务的目录及标准，政府采购应当采购本国的软件产品和服务。利用财政性资金建设的信息化工程，用于购买软件产品和服务的资金原则上不得低于总投资的30%。国家重大信息化工程实行招标制、工程监理制，承担单位实行资质认证。鼓励企事业单位在信息化建设中，与软件企业合作开发或积极采购国产软件产品和服务。

（三）加大对软件出口的扶持力度

针对软件贸易特点，进一步完善软件出口管理办法，为软件企业出口提供便捷服务。软件出口基地内的软件出口企业可以开立经常项目项下的外汇账户，账户的收入范围为经常项目项下的外汇收入，支出为经常项目项下的外汇支出及经批准的资本项下的外汇支出。支持符合条件的软件出口企业在境外设立研究开发机构、市场营销及服务机构，并在用汇上给予支持。中国进出口银行通过提供出口信贷方式，支持软件产品出口，开拓国际市场。把软件工程国际合作纳入我国同有关国家的双边合作谈判，发挥双边经贸联委会的作用，推动形成软件产业双边合作框架协议。发挥软件行业协会和进出口商会等中介组织的作用，支持软件出口企业在境外开展宣传、推介和参展活动。

（四）落实投融资政策，加大对软件产业的投入

以软件产业为试点，逐步建立健全产权交易市场，实现非上市软件企业的资本流动，吸引社会资本增加对软件产业的投入。通过多种方式拓宽软件产业融资渠道，促进建立软件产业风险投资机制，鼓励对软件产业的风险投资。经审核符合境外上市资格的软件企业，均可允许到境外申请上市筹资。为保证资金来源，“十五”期间，中央财政预算内资金向软件产业的投入不少于40亿元。其中，电子信息产业发展基金、“863”专项经费、国家科技攻关计划经费、产业技术研究与开发资金、科技型中小企业技术创新基金等可用于软件产业发展的资金，通过调整结构，向软件产业倾斜，集中不少于30亿元的资金专项用于软件产业；同时，为了确保软件产业发展目标的实现，体现国家政策的导向和扶持作用，2003年至2005年，中央政府再安排10亿元，专项用于支持软件产业发展。

（五）落实软件税收优惠政策

对增值税一般纳税人销售其自行开发生产的软件产品，按17%的法定税率征收增值税，对实际税负超过3%的部分即征即退，由企业用于研究开发软件产品和扩大再生产。在我国境内新创办的软件企业经认定后，自获利年度起，享受企业所得税“两免三减半”的优惠政策。加快国家规划布局内的重点企业认定，切实保证软件企业所得税退税工作的顺利进行。软件企业人员薪酬和培训费用可按实际发生额在企业所得税税前列支。

（六）整顿软件市场秩序，加强行业管理

认真贯彻落实《中华人民共和国著作权法》和《计算机软件保护条例》，坚决打击软件走私和盗版活动。各级政府和财政拨款事业单位要为购买自用正版软件提供必要的资金支持。发挥行业协会在行业自律和规范市场秩序中的作用，协助政府加强反垄断、反倾销、反盗版工作，制止不正当竞争。加强软件产业统计指标体系研究，尽快建立软件产业统计指标体系，为宏观管理和科学决策提供依据。建立软件产业现状和政策执行情况的定期评估机制，对软件产业运行情况和相关产业政策执行情况进行定期评估，引导软件产业发展。

（七）加速软件人才队伍建设

加快国家示范性软件学院和职业技术学院建设，扩大招生规模，改善办学条件，加强师资队伍、课程和教材建设。积极开展与国外教学机构、国际著名软件企业和国内软件企业的联合办学，多模式、多渠道培养软件人才。做好智力引进工作，重点引进软件高级管理人才、系统分析和设计人才。通过简化出入境审批手续、适当延长有效期等方式，方便企业高中级管理人员和高中级技术人员参与国际交往。大量吸引海外优秀留学人员回国。鼓励国外留学生和外籍人员在国内

创办软件企业。

（八）进一步做好《通知》的落实工作

各部门、各地区要认真履行职责，狠抓落实，相互配合，增强合力，推动我国软件产业持续、快速、健康发展。

（发布日期：2002 年 7 月 24 日）

附录二：商务部关于实施服务外包“千百十工程”的通知

（商资发〔2006〕556 号）

服务外包产业是现代高端服务业的重要组成部分，具有信息技术承载度高、附加值大、资源消耗低、环境污染少、吸纳就业（特别是大学生就业）能力强、国际化水平高等特点。当前，以服务外包、服务贸易以及高端制造业和技术研发环节转移为主要特征的新一轮世界产业结构调整正在兴起，为我国发展面向国际市场的现代服务业带来新的机遇。牢牢把握这一机遇，大力承接国际（离岸）服务外包业务，有利于转变对外贸易增长方式，扩大知识密集型服务产品出口；有利于优化外商投资结构，提高利用外资质量和水平。

根据《国民经济与社会发展第十一个五年规划纲要》关于“加快转变对外贸易增长方式，……建设若干服务业外包基地，有序承接国际服务业转移”的要求，为促进服务外包产业快速发展，优化出口结构，扩大服务产品出口，商务部决定实施服务外包“千百十工程”。服务外包“千百十工程”的工作目标和主要政策措施如下：

一、服务外包“千百十工程”的工作目标

“十一五”期间，在全国建设 10 个具有一定国际竞争力的服务外包基地城市，推动 100 家世界著名跨国公司将其服务外包业务转移到中国，培育 1000 家取得国际资质的大中型服务外包企业，创造有利条件，全方位承接国际（离岸）服务外包业务，并不断提升服务价值，实现 2010 年服务外包出口额在 2005 年基础上翻两番。

本通知“服务外包企业”系指根据其与服务外包发包商签订的中长期服务

合同向客户提供服务外包业务的服务外包提供商；“服务外包业务”系指服务外包企业向客户提供的信息技术外包服务（ITO）和业务流程外包服务（BPO），包括：业务改造外包、业务流程和业务流程服务外包、应用管理和应用服务等商业应用程序外包、基础技术外包（IT、软件开发设计、技术研发、基础技术平台整合和管理整合）等；“国际（离岸）服务外包”系指服务外包企业向境外客户提供服务外包业务。

二、实施服务外包“千百十工程”人才培训计划

（一）在商务领域人才培训资金中，安排服务外包公共培训专项资金，实施“千百十工程”人才培训计划。

（二）服务外包公共培训专项资金主要用于支持大学生（含大专，下同）增加服务外包专业知识和技能，鼓励服务外包企业新增大学生就业岗位的各类人才培训项目，重点培训大学应届毕业生和尚未就业的大学毕业生，以及服务外包企业新入职员工，力争在五年内培训 30 万 ~ 40 万承接服务外包所需的实用人才，吸纳 20 万 ~ 30 万大学生就业，有效解决服务外包产业人才短缺和大学生就业问题。

（三）服务外包培训内容包括：服务外包企业人才定制培训、从业人才资质培训、国际认证培训、行业标准及相关知识产权培训、大学生实习项目及勤工俭学培训、企业新入职人员岗前业务技能培训、服务外包产业储备人才培训等。

服务外包“千百十工程”人才培训计划具体方案根据《商务部关于做好服务外包“千百十工程”人才培训有关工作的通知》（附件一）实施。

三、支持服务外包企业做强做大

（一）鼓励服务外包企业取得国际认证。根据《商务部关于做好服务外包“千百十工程”企业认证和市场开拓有关工作的通知》（附件二）的有关规定，对符合条件且取得行业国际认证的服务外包企业给予一定的奖励，并采取有效措施支持其国际认证的维护和升级，力争五年内促进 700 家企业取得 CMM/CMMI3 级认证，300 家企业取得 CMM/CMMI5 级认证。国际认证包括：开发能力成熟度模型集成（CMMI）认证、开发能力成熟度模型（CMM）认证、人力资源成熟度模型（PCMM）认证、信息安全管理标准（ISO27001/BS7799）认证、IT 服务管理认证（ISO20000）、服务提供商环境安全性认证（SAS70）。

（二）为服务外包企业发展提供政策性贷款和相关服务。国家开发银行与商务部合作，为符合条件的服务外包企业采购设备、建设办公设施、开展服务外包业务、开拓国际市场扩大出口等提供政策性贷款。中国出口信用保险公司与商务

部合作，为符合条件的服务外包企业提供信用保险及相关担保服务，并协助服务外包企业建立信用风险管理机制。

（三）支持服务外包企业大力开拓国际市场，承接国际（离岸）服务外包业务。对符合条件的服务外包企业进行国际市场开拓活动可根据《中小企业国际市场开拓资金管理办法》的相关规定给予资金支持。

四、大力开展“中国服务外包基地城市”建设

（一）商务部、信息产业部将选定一批具有服务外包发展基础和增长潜力的中心城市为“中国服务外包基地城市”（以下简称基地城市），在宏观政策、规划设计、人才培训、招商引资、综合协调等方面给予支持，并设立专项资金，支持基地城市的建设。开展“中国服务外包基地城市”建设按照《商务部、信息产业部关于开展“中国服务外包基地城市”认定工作有关问题的通知》（附件三）实施。

（二）国家开发银行与商务部合作，对基地城市根据服务外包产业发展需要进行的服务外包技术支撑公共服务平台建设、公共信息网络建设、基础设施和投资环境建设提供政策性贷款。技术支撑公共服务平台的建设应着力于为服务外包企业提供基于技术研发、质量保证、测试、演示、验证、培训、项目管理、知识产权保护等公共服务，基础设施和投资环境建设应涵盖数据存储、信息传输、电力保障、后勤服务等共用设施的建设和改善。

五、创建中国服务外包信息公共服务平台

商务部牵头，以各基地城市、跨国公司、服务外包企业和服务外包知名机构、相关研究部门为支持单位，建立中国服务外包信息公共服务网站，为服务外包企业、国内外服务外包发包企业、相关政府部门和研究机构，以及高等院校、大学/大专毕业生等提供与服务外包相关的各类信息，建立服务外包业务交易平台，为服务外包企业人才招聘和大学/大专毕业生在服务外包行业就业提供公共服务，并加大对外宣传力度，打造“中国服务”良好形象。

六、鼓励和支持中西部地区发展服务外包业务

充分发挥中西部地区、东北等老工业基地人才资源优势，在认定基地城市的工作中，优先考虑高等院校科研院所相对集中的中西部城市，适当降低认定条件；采取有效措施，鼓励东部基地城市与中西部基地城市进行战略合作；对中西部地区国家级经济技术开发区为承接服务外包进行基础设施和完善投资环境建设予以贷款贴息支持。

七、完善服务外包知识产权保护体系

在基地城市建立知识产权投诉中心，严厉打击各类侵权行为，加大对知识产权保护的力度；各基地城市应根据服务外包产业的特殊需求进一步完善保护知识产权法规体系，制定服务外包数据保密相关规则，建立服务外包产业知识产权保护综合评价体系，并在全社会营造诚信为本的良好氛围。

八、积极有效开展服务外包投资促进工作

认真研究全球服务外包发展的最新趋势，借鉴其他国家的成功经验，拟定符合中国国情的投资促进政策，提高我国承接服务外包的国际竞争力；在商务部指导下，统筹规划，形成合力，积极有序开展服务外包投资促进工作；充分发挥中国国际投资促进会、商务部投资促进局、各地投资促进机构等中介组织的作用，针对跨国公司外包服务战略和具体意向，制定专项工作方案，通过多元化定制服务，积极有效开展投资促进工作，大力推进跨国公司将其具有一定规模的服务外包业务转移到中国。

九、做好服务外包业务的统计工作

进一步完善现有服务贸易统计制度，将国际（离岸）服务外包业务纳入服务贸易统计，建立科学、全面、系统的服务外包全口径统计规范；商务部将加强与各级商务部门的合作，建立有效的数据采集渠道，及时了解服务外包“千百十工程”的实施情况，评估工作成效。

各地商务主管部门要统一认识，高度重视实施服务外包“千百十工程”的重要性，并结合本地区的实际情况，做好相关落实工作，积极营造服务外包产业发展的良好环境。在实施过程中发现的问题，及时向商务部报告。

（发布日期：2006 年 10 月 16 日）

附件一：商务部关于做好服务外包“千百十工程”人才培训有关工作的通知

（商资函〔2006〕111 号）

为促进我国服务外包产业健康快速发展，加强行业的能力建设，加大对服务外包人才培养的支持力度，根据《商务领域人才培训专项资金使用管理暂行办法》（商财发〔2006〕281 号，以下简称《暂行办法》）以及商务部服务外包

“千百十工程”工作的要求，现就规范和加强服务外包“千百十工程”人才培训有关工作通知如下：

一、本通知所称服务外包“千百十工程”人才培训资金（以下简称“服务外包人才培训资金”）系指为实施服务外包“千百十工程”人才培训计划，在商务领域人才培训资金中专项安排的服务外包公共培训资金。

二、使用服务外包人才培训资金的地方政府在已有的财政专项资金中安排相同金额的资金，作为服务外包人才培训配套资金。

三、服务外包人才培训资金的使用必须遵守国家的有关法律、法规和财务制度，严格按照《暂行办法》的要求，坚持科学立项、专家评审、择优支持、公正透明、非赢利性的原则。

四、服务外包人才培训资金主要用于促进我国服务外包产业发展，解决服务外包企业人才短缺，支持大学生（含大专，下同）增加服务外包专业知识和技能，鼓励大学生在服务外包企业就业的各类人才培训项目。重点培训对象为大学应届毕业生和尚未就业的大学毕业生，以及服务外包企业新入职员工。

五、服务外包人才培训重点项目包括：根据服务外包企业承接服务外包业务的需求或服务外包发包商提出的承接其发包业务的需求进行的人才定制培训；跨国公司服务外包业务从业人才资质培训；服务外包企业国际认证知识培训、服务外包企业国际认证人才培训、发展服务外包产业急需的储备人才培训；服务外包企业大学生实习项目及勤工俭学培训；服务外包相关法律、行业标准及相关知识产权培训；服务外包企业新入职人员岗前业务技能培训等。

六、对大学应届毕业生和尚未就业的大学毕业生服务外包从业技能培训的资金支持，不超过培训费用的85%；对服务外包企业新入职员工岗前业务技能培训的资金支持，不超过培训费用的50%。属于人才定制培训的，学员培训合格并被服务外包企业录用，由服务外包企业返还给学员由其个人承担的培训费用。

七、各地商务主管部门应严格按照《暂行办法》第六条规定的程序，在对企业的申请或当地服务外包产业发展需求进行调研、论证的基础上，确定具体培训项目，形成年度培训计划。年度培训计划应包括如下内容：培训岗位、培训对象、培训内容、培训方式、培训周期、师资来源、培训人数、费用预算等。

八、各地商务部门应本着竞争、择优的原则，选择具体培训项目承办单位，负责培训项目的具体执行。承办单位应具备如下条件：

（一）具有人才培训的从业资格。

（二）具有符合条件的场地、设施和师资力量。

（三）有为承接服务外包企业提供培训的经验。

（四）具有健全的财务制度和合格的财务管理人员。

九、各地商务主管部门应与项目承办单位签订委托培训协议，并就每个培训项目签订合同，规定培训项目的具体要求，明确双方的责任、义务，实行合同制管理。各地还可以制定奖励制度，对公信度好、就业率高的项目承办单位给予奖励。

十、各地商务主管部门应商地方财政主管部门同意后，于每年三月底之前将本年度服务外包人才培训计划和具体项目建议书报商务部、财政部。经商财政部同意后，商务部、财政部共同下发服务外包人才培训项目计划通知，并由财政部将培训项目所需资金拨付至省级财政部门。2006 年度第四季度的培训计划于十月十日以前上报商务部。

十一、各地商务主管部门应根据《商务领域人才培训专项资金使用管理暂行办法》和本通知的要求，制定资金管理和使用办法实施细则，并报商务部（外资司）备案。细则的主要内容应包括：培训机构的选择标准、培训项目的基本条件、培训费用返还的具体操作办法、资金申报和拨付的时间、程序和方法、对培训机构的监督检查办法等。

十二、本通知自发布之日起实施。

商务部

2006 年 9 月 22 日

附件二：商务部关于做好服务外包“千百十工程”企业认证和市场开拓有关工作的通知

（商资函〔2006〕110 号）

为加快我国服务外包产业的发展，支持服务外包企业做强做大，积极承接国际（离岸）服务外包业务，促进外贸增长方式的转变，根据《中小企业国际市场开拓资金管理办法》和《中小企业国际市场开拓资金管理办法实施细则》（以下简称“开拓资金办法”）以及商务部服务外包“千百十工程”工作的要求，现就使用中小企业国际市场开拓资金（以下简称“开拓资金”）支持服务外包企业国际认证和国际市场开拓工作通知如下：

一、国家鼓励并支持服务外包企业取得国际认证，开拓国际市场，承接国际（离岸）服务外包业务，并不断提升服务价值。

二、服务外包企业系指根据其与服务外包发包商签订的中长期服务合同向客户提供服务外包业务的服务外包提供商。

服务外包业务系指服务外包企业向客户提供的信息技术外包服务（ITO）和

业务流程外包服务（BPO）。包括：业务改造外包、业务流程和业务流程服务外包、应用管理和应用服务等商业应用程序外包、基础技术外包（IT、软件开发设计、技术研发、基础技术平台整合和管理整合）等。国际（离岸）服务外包系指服务外包企业向境外客户提供服务外包业务。

三、本通知所称国际认证包括：开发能力成熟度模型集成（CMMI）认证、开发能力成熟度模型（CMM）、人力资源成熟度模型（PCMM）认证、信息安全管理（ISO27001/BS7799）认证、IT 服务管理（ISO20000）认证、服务提供商环境安全性（SAS70）认证等。

四、服务外包企业取得相关国际认证，包括当年获得国际认证或认证升级、随后两年维护并进一步完善该项认证，可根据“开拓资金办法”以及本通知的相关规定，申请“开拓资金”的支持。有关商务主管部门应统筹安排，优先考虑。

五、使用“开拓资金”的地方政府在已有的财政专项资金中安排至少相同金额的配套开拓资金（以下简称配套开拓资金），支持服务外包企业维护和进一步完善已取得的国际认证。

六、符合条件且取得 CMM、CMMI 认证的服务外包企业，取得每级认证后可申请“开拓资金”奖励，奖励金额按“开拓资金办法”的规定，原则上不超过认证费用的 50%，最高不超过 50 万元。随后两年企业维护并使该项认证得到进一步完善，由地方政府用配套开拓资金奖励，奖励金额不低于“开拓资金”奖励金额。取得 PCMM 等其他国际认证的服务外包企业，可参照上述办法提出申请，“开拓资金”奖励金额由商务部根据国际认证类别的合理认证成本确定，随后两年每年地方政府奖励金额不低于“开拓资金”奖励金额。当年取得多项国际认证和认证升级的服务外包企业，可提出最多不超过三项申请。

七、符合条件且取得国际认证的服务外包企业进行国际市场开拓活动，或取得本通知第三项所述范围以外的其他认证，可根据“管理办法”和“实施细则”的相关规定申请资金支持。

八、符合下列条件的服务外包企业可提出申请：

（一）有进出口经营权或对外经济合作经营资格。

（二）近两年在进出口业务管理、财务管理、税收管理、外汇管理、海关管理等方面无违法行为。

（三）已与一家或多家服务外包发包商签订中长期提供服务外包业务合同，企业提供服务外包业务年收入不低于 150 万美元（离岸服务外包业务收入占 70% 以上）。

（四）具有服务外包承接能力及服务外包市场开拓和项目管理人员，大学

（含大专）毕业及以上学历员工占公司员工总数70%以上。

九、“开拓资金”的使用必须遵守国家有关法律、法规和财务制度，商务主管部门要按照国家相关规定和“管理办法”、“实施细则”及本通知要求，严格把关，做好服务外包企业认证奖励及支持其国际市场开拓工作。

十、本通知自发布之日起实施。

商务部

2006年9月22日

附件三：商务部、信息产业部关于开展“中国服务外包基地城市”认定工作有关问题的通知

（商资函〔2006〕102号）

为加快我国承接离岸服务外包业务，提高我国服务外包企业国际竞争力，商务部、信息产业部将选择一批中心城市作为开展承接离岸服务外包业务的基地城市，在宏观政策、规划设计、招商引资、综合协调等方面给予支持，并通过专项扶持基金，用于公共信息平台建设、基地内人力资源培养、基础设施和投资环境建设等方面。目标是在三到五年内建设10个中国承接离岸服务外包业务的基地，推动100家跨国公司将其一定规模外包业务转移到中国，并培养1000家承接离岸服务外包业务的大中型企业，全方位接纳离岸服务外包业务。现就开展“中国服务外包基地城市”认定工作的有关问题通知如下：

一、“中国服务外包基地城市”采取“基地城市+示范区”模式，由商务部、信息产业部和当地省级人民政府（计划单列市）共建。

“基地城市”是指符合地区国民经济和社会协调发展总体规划、立足区域和行业特点、能够起到有效的示范和带动作用的以承接离岸服务外包业务为主的中心城市。

“示范区”是指在“基地城市”内，服务外包重点企业相对集中，已初步形成一定规模效益，在引导和带动“基地城市”及周边地区开展承接服务外包业务方面具备一定基础的区域（一般为“基地城市”内的国家级经济技术开发区、国家软件产业基地、国家软件出口基地及软件园区等特定经济功能区）。

二、申请认定为基地城市，应具备下列条件：

（一）地方政府已将承接离岸服务外包纳入十一五规划发展方案并制定明确目标，推进发展服务外包业的思路明晰，规划切实可行，中远期发展目标明确；制定的鼓励承接服务外包发展的政策及具体措施切实有效并具有可操作性。

（二）当地政府承诺从财政预算中安排一定资金与中央扶持基金配套，用于基地建设（包括但不限于完善必要设施、人才引进与培养、服务外包职业培训、外包企业相关认证等，及与服务外包配套服务及特定环境改善相关事宜）。

（三）“基地城市”已有具备条件的示范区。

（四）“基地城市”的建设及发展环境优越，基础设施较好，交通便利，污染指数较低，适宜居住，具有良好的国际投资和合作的环境。

（五）“基地城市”产业特色鲜明，重视知识产权保护，服务体系健全，投融资便利，运营成本具有竞争力，且具备在三到五年内培育承接服务外包业务的大型骨干企业（3000～5000人）和孵化中小企业的条件，对本地区及周边地区开展承接服务外包业务具有带动作用。

（六）“基地城市”内已有50家以上具备一定规模的从事承接服务外包业务的企业，具有良好的服务基础和承接服务外包业务的经验，承接的服务外包业务以离岸服务外包为主。

（七）该地区高等院校和科研院所集中，学科与服务外包需求相适应，服务外包人力资源储备充足，具备根据外包产业需求进行定向培训的各种条件。

（八）具有良好的国际投资和合作的环境。

（九）“基地城市”的建设由有关市领导分管，有专门的管理机构负责服务外包基地的规划及建设。

三、申请认定为示范区，应具下列条件：

（一）符合“基地城市”发展规划和功能定位（不存在土地管理等遗留问题）。

（二）具有开展承接服务外包业务的基础，并已有可适用于承接服务外包业务企业的具体扶持政策。

（三）区内已开展的服务外包业务以离岸业务为主，区内从事承接服务外包业务的企业不少于25家且发展势头良好。

（四）有精简高效的管理机构。

四、请你省（市）进一步了解本行政区域内服务外包业的开展情况，其中符合要求、希望成为中国服务外包基地城市的中心城市，应按下列要求向商务部、信息产业部提交申请材料：

（一）基地应由省或计划单列市人民政府向商务部、信息产业部推荐，并按要求填写《中国服务外包基地城市推荐表》。

（二）根据基地城市内服务外包业的实际开展情况，填写《基地城市已设立从事承接服务外包业务的企业一览表》。

（三）按照《中国服务外包基地城市推荐表》的结构，提交详实的申请报告。

五、商务部、信息产业部将共同组织评审，并对经评审认定的基地城市和基地城市内的示范区联合授牌。

商务部　信息产业部

2006 年 9 月 11 日

附录三：工信部关于鼓励服务外包产业加快发展及简化外资经营离岸呼叫中心业务试点审批程序的通知

（工信部通字〔2010〕550 号）

为贯彻落实《国务院办公厅关于鼓励服务外包产业加快发展的复函》（国办函〔2010〕69 号）和《国务院办公厅关于同意简化外资经营离岸呼叫中心业务试点审批程序的复函》（国办函〔2010〕127 号），做好离岸呼叫中心业务试点工作，现通知如下：

一、试点地区

本次试点的地区包括北京、天津、上海、重庆、大连、深圳、广州、武汉、哈尔滨、成都、南京、西安、济南、杭州、合肥、南昌、长沙、大庆、苏州、无锡、厦门等 21 个服务外包示范城市。

二、试点业务

本次试点的业务为离岸呼叫中心业务，即该业务的最终服务对象和委托客户均在境外。

三、试点主体

试点主体为外商独资或中外合资电信企业，外资股权比例不设限制。

四、试点审批部门

试点由服务外包示范城市所在省、直辖市通信管理局和示范城市的商务主管部门根据各自职责进行审批。

五、试点审批程序

（一）申请在服务外包示范城市设立外商投资电信企业经营离岸呼叫中心业务的主要投资者，直接向示范城市所在省、直辖市通信管理局提出申请，并参照《外商投资电信企业管理规定》第十二条、《电信条例》第十四条等相关法律法规的规定报送如下材料：公司法定代表人签署的经营业务申请；公司的企业法人营业执照副本及复印件；公司概况包括拟从业人员、场地、设施情况；公司股权结构及股东情况；业务发展的主要计划；信息安全保障措施；证明公司信誉的有关材料；公司法定代表人签署的依法经营承诺书等材料。

（二）省、直辖市通信管理局核准后发放经营离岸呼叫中心业务的试点批文，并报工业和信息化部备案。

（三）企业的主要投资者凭省、直辖市通信管理局批文按照外商投资的法律法规到示范城市主管部门办理申请设立外商投资企业相关手续，并领取《外商投资企业批准证书》。

（四）对于一家企业以总分公司的形式在多个试点城市开展离岸呼叫中心业务，由总公司向其注册地所在的省、直辖市通信管理局和商务部门办理，各分公司不需另行办理申请手续，企业获得经营试点批文和《外商投资企业批准证书》后，各分公司在经营业务前到所在省、直辖市通信管理局备案。

六、对试点工作的跟踪总结及其他省、直辖市通信管理局应当积极支持经营离岸呼叫中心业务企业的发展，对出现的问题和困难积极予以研究解决

已开展离岸呼叫中心业务的外资或中外合资企业应向所在省、直辖市通信管理局提出申请，按程序补办批文。

获得批文的各企业应积极配合当地通信管理局的试点管理工作，每年 12 月根据要求将试点情况报所在省、直辖市通信管理局。

相关通信管理局在每年 1 月份将上年度的试点总结情况及时报部，内容包括离岸呼叫中心业务的服务对象（终端用户）和委托客户所在国家和地区、主要行业应用类别、企业租用的国际专线方向和境外业务接入号码等。

各省、直辖市通信管理局应积极发挥行业协会的作用，组织研究呼叫中心的服务质量标准认证，引导市场逐步建立相应的标准体系，促进呼叫中心行业服务水平提升。

（发布日期：2010 年 11 月 10 日）

附录四：中国国际服务外包产业发展规划纲要（2011～2015）

（商服贸发〔2012〕431号）

前　言

国际服务外包产业是全球产业分工加快深化之下产生的一种智力密集型现代服务业，具有低能耗、低污染、高附加值、高成长性等特点，对我国转变经济发展方式，提升城市能级，缓解就业压力，倡导低碳绿色发展理念具有重大意义。"十一五"期间，我国国际服务外包产业以示范城市为依托，紧紧把握全球新一轮产业结构调整趋势，依靠市场、环境和基础设施等优势，探索创新，快速发展。

"十二五"时期（2011～2015年）是我国占据国际服务外包市场有利地位的关键时期，为更好地抓住全球经济一体化不断深化、全球资源加速向中国集聚的历史性机遇，进一步发挥其在转变经济发展方式、推动产业结构调整、提升企业创新能力、扩大就业方面的重要作用，实现我国国际服务外包产业质和量的突破，为社会经济发展作出更大贡献，特制定本规划。

一、发展回顾

"十一五"期间，我国国际服务外包产业坚持科学发展，着力发挥示范城市辐射带动作用，大力推动产业集聚，形成了一些各具产业特色的园区，服务外包企业逐步发展壮大，国际竞争力和创新能力不断提高，"中国服务"品牌效应日益显现，一支国际化、专业化、高素质的国际服务外包人才队伍逐渐形成，为"十二五"期间我国国际服务外包产业快速发展奠定了良好基础。在党中央、国务院的正确领导下，"十一五"期间我国国际服务外包产业发展取得重大成就。

（一）综合实力跻身世界前列

业务规模总量增长迅速。"十一五"期间，我国服务外包产业快速增长。截至2010年底，服务外包企业超过1万家，国际（离岸）服务外包合同执行金额301.3亿美元，其中，2010年完成国际（离岸）执行金额144.5亿美元，占当年服务贸易出口比重由2007年末的2%大幅提高到8.5%，成为全球第二大离岸外包目的地国家。

国际市场开拓不断突破。“十一五”期间，我国国际服务外包市场加速拓展，在国际金融危机冲击之下，我国承接国际服务外包依然逆势上扬，业务类型和国别呈现多元化趋势，美国、日本、欧盟和我国香港成为我国开拓国际市场的主要地区。

人才队伍建设初现成效。“十一五”期间，服务外包企业、园区、培训机构、行业协会以及高等院校等各类主体积极参与人才培训工作，目前受训人数已达86.9万人，多层次、多渠道的服务外包人才培训体系基本形成。依靠国内培养和海外引进，服务外包人才素质快速提升，高级经营人员和专业技术人员规模不断扩大，有力改善了人力资源结构。

企业竞争能力大幅提高。我国服务外包企业积极参与国际分工，不断积累行业经验，大幅提升承接、交付和管理流程能力。截至2010年底，服务外包企业共获得六类国际资质认证达2810个（包括CMMI、CMM、PCMM、ISO2001、SAS70、ISO27001），并涌现出一批营业额超亿美元、员工数超万人的服务外包领军企业。

（二）产业发展水平全面提升

产业结构调整步伐加快。我国国际服务外包业务逐步由低端服务向价值链高端延伸，产业咨询、软件与信息系统架构设计、服务外包研发等高附加值、高技术含量的业务比重不断上升。2010年，知识流程服务外包（KPO）的合同执行金额达20.2亿美元，同比增长254.2%。

创新能力逐步增强。顺应国际发包商服务模式不断创新的新趋势，依靠国内鼓励创新扶持政策，我国服务外包企业加大技术研发投入，组建高素质的研发团队，大幅提升创新能力，服务外包企业软件著作权数、申请专利数大幅增加。截至2010年底，经认定的技术先进型服务企业近800家。

对外开放水平显著提升。“十一五”期间，国际服务外包产业对外开放进一步扩大，对外贸易结构持续优化，占服务贸易出口份额不断提高，国际服务外包产业吸收外资规模和水平进一步提升，成为我国“引智”的重要渠道。服务外包企业“走出去”迈出坚实步伐，产业国际化程度进一步提高。

（三）示范带动效应初步显现

集聚发展效应日渐释放。“十一五”期间，21个服务外包示范城市建设取得明显成效，在市场导向和政府推动的共同作用下，要素资源集聚，规模效应显现，示范城市主要发展指标增幅均超过全国平均水平，对全国国际服务外包合同执行额贡献度达95%，示范城市的引领带动作用不断增强。

辐射带动效应持续扩大。服务外包示范城市周边地区凭借区位优势，积极承接外包业务，与示范城市共享发展成果。长三角、珠三角、环渤海等地区已初步形成了以示范城市为核心的服务外包产业集聚带，对中西部地区的产业辐射效应逐步凸显，并通过跨区域分工协作，推动了中西部地区服务外包产业加快发展。

（四）整体发展环境日益优化

政策支持体系日趋完善。我国陆续出台了包括财税、人才培训、大学生就业、特殊工时、海关监管、电信服务、金融支持、知识产权保护、投资促进等20多项国际服务外包产业支持政策，政策落实力度持续加大，各级政府的服务意识不断增强，有效减轻了企业负担，为承接国际服务外包产业转移和加快产业发展创造了良好的政策环境。

综合服务体系逐步建成。公共培训平台、公共技术平台、公共信息平台、公共研究平台等各类公共服务平台陆续建成，网络、电力等基础设施进一步完善，国际服务外包产业的专业会展、发展论坛、交易平台、服务网络等加快推进，服务外包投资促进力度不断加强，服务外包研究机构和服务外包行业协会的研究和服务功能进一步增强。

特色外包园区稳步发展。围绕各地发展目标，结合当地产业发展基础，稳步发展产业集聚度高、人力资源充沛、基础设施完善、商业环境优越的服务外包特色园区。通过加强园区规划、完善配套设施、加快公共平台建设、注重专业化招商和园区管理，形成了呼叫中心、数据中心、企业孵化、研发设计、动漫创意等一批各具特色的服务外包园区，并已成为国际服务外包产业发展的重要载体和企业成长的培育平台。

（五）推动科学发展贡献突出

积极助推经济结构调整。“十一五”期间，国际服务外包产业对转变经济发展方式、调整产业结构的助推作用明显增强，逐渐成为各地发展低碳经济、实现节能减排的重要抓手，成为部分城市和开发区突破发展瓶颈、实现产业转型的重要手段，成为推动特大城市形成以服务经济为主的产业结构的重要途径。

就业促进作用日益凸显。国际服务外包产业的发展，为促进我国大学生就业、保障和改善民生、维护社会和谐稳定作出了重要贡献。到“十一五”末，我国服务外包产业从业人员达到232.8万人，其中70%以上为大学毕业生。2010年，吸纳大学生就业48.56万人，占当年大学毕业生人数的7.7%。

带动作用逐步加强。“十一五”期间，我国国际服务外包产业快速发展加快了国内信息化建设进程。同时，产业内技术进步产生的外溢效应逐步显现，带动传统产业、先进制造业和现代服务业等关联发包产业发展水平持续提升。

但同时，我们也应当认识到，我国国际服务外包产业尚处于起步成长阶段，对其发展模式和规律仍在努力探索，产业发展规模和质量与国际服务外包先进国家相比还存在较大差距，产业分工仍位于国际产业链相对低端，整合全球业务资源能力明显不足，“中国服务”品牌尚未被全球业界广泛认知，产业国际话语权依然偏弱；符合产业发展需要的创新型、实用型、复合型人才供给存在缺口，提升创新能力的要求日益提高，部分地区间存在一定程度的产业发展同质化现象，产业综合发展环境有待进一步完善。我们必须科学判断和准确把握发展趋势，充分利用各种有利条件，加快解决突出矛盾和问题，集中力量推进国际服务外包产业实现规模效应和结构优化的重大突破。

二、发展环境

“十二五”期间，全球服务外包产业进入新一轮快速增长期，国际市场竞争更加激烈，产业发展呈现更多新特点，我国国际服务外包产业发展的有利条件明显增多，机遇与挑战进一步凸显。

（一）国际环境

全球专业化分工深化，为国际服务外包产业加速发展提供新空间。以服务业转移为主要特征的新一轮世界产业结构调整加速推进，全球国际服务外包市场规模不断扩大。由于成本、环境和配套设施等优势，全球服务业加快向我国转移，为我国积极参与全球产业分工，进一步发展国际服务外包产业带来更大机遇。

科技革命孕育新突破，为国际服务外包产业创新发展提供新动力。全球科技发展正进入一个前所未有的创新密集期，特别是以云计算为代表的新一代信息网络技术发展，直接推动国际服务外包在交付模式、服务模式与合作模式等方面的创新，助推我国国际服务外包产业的持续蓬勃发展。

低碳经济成为全球关注重点，为国际服务外包产业发展营造新环境。全球资源环境承载压力日益凸显，发展循环经济、推广低碳技术、积极应对气候变化、走可持续发展之路成为全球共识，国际服务外包产业作为新兴产业具有技术先进、清洁安全、附加值高等特点，已经成为突破能源、资源和环境对经济社会发展瓶颈制约的重要途径，必将获得广阔的发展空间。

全球市场格局出现新变化，对国际服务外包产业发展提出新挑战。国际金融危机影响深远，全球经济格局加速调整，发达国家各种形式的贸易保护主义抬头，市场的不确定性因素增加。新兴接包国家迅速崛起，围绕市场、资源、人才、技术、标准等的竞争将更加激烈。传统发包地需求逐步复苏，新兴国家发包需求显现，发包企业对高端服务的需求进一步增加，促使国际服务外包产业价值链不断升级。我国国际服务外包产业发展必须顺应发展趋势，扬长避短，才能适应未来市场需求的变化。

（二）国内环境

国民经济平稳较快发展，为国际服务外包产业发展提供坚实的基础。“十二五”期间，我国工业化、信息化、城镇化、市场化、国际化深入发展，市场需求潜力巨大，资金供给充裕，科技和教育整体水平提升，劳动力素质改善，基础设施日益完善，社会保障体系逐步健全，体制活力显著增强，政府宏观调控和应对复杂局面能力明显提高，为国际服务外包产业的发展提供了更加有利的环境。我国加快经济结构转型，大力发展国际服务外包产业将成为现代服务业发展的重要驱动力。

缓解大学生就业压力，对国际服务外包产业发展提出新要求。国际服务外包产业属于人力资源和知识密集型产业，已成为吸纳大学生就业的新渠道，未来几年，随着我国大学毕业生逐年增多，就业压力将持续增大，要求国际服务外包产业不断提升吸纳就业的能级，继续发挥缓解大学生就业压力的重要作用。

区域发展格局调整，对国际服务外包产业发展提出新的需求。“十二五”期间，深入推进西部大开发，全面振兴东北地区等老工业基地，大力促进中部地区崛起，积极支持东部地区创新发展，需要国际服务外包产业充分融入国家区域发展战略和主体功能区战略，进一步发挥示范城市带动引领作用，推动东、中、西部地区协调发展。

三、发展目标

“十二五”期间，国际服务外包产业要立足当前发展阶段，把握未来发展趋势，创新发展思路，明确发展目标，实现我国国际服务外包产业的跨越发展。

（一）指导思想

“十二五”时期是我国国际服务外包产业发展的战略机遇期，必须高举中国特色社会主义伟大旗帜，以邓小平理论和“三个代表”重要思想为指导，深入贯彻落实科学发展观，以积极开拓国际市场为主线，以提高创新能力为动力，坚持示范引领、产业集聚，进一步加强人才队伍建设、创新和集成政策，积极发挥产业和区域优势，着力培育新兴增长点，将中国发展成为全球国际服务外包产业强国，为中国经济社会的全面协调、可持续发展提供强劲动力。

（二）发展原则

“十二五”期间，国际服务外包产业发展要遵循以下原则：

——市场导向，推动发展。发挥市场对资源配置的基础性作用，充分调动企业作为市场主体的主观能动性，借鉴国际经验，探索建立政府与市场高效互动的新机制，加大对企业的培育和扶持力度，不断优化市场发展环境。

——示范引领，联动发展。继续发挥中国服务外包示范城市在龙头企业培育、高端人才培养、创新技术研发等方面的引领作用，加强分类指导，立足于资源的优化配置，打造特色产业高地，形成产业集群，推动国际服务外包产业在国内的梯度转移，进一步延伸完善产业链，促进东中西部地区联动发展、协调发展。

——培育品牌，创新发展。坚持把品牌建设作为发展的重要任务，把创新作为发展的战略基点，大力推进国家品牌建设，鼓励创建行业品牌、企业品牌，营造创新环境，培育创新主体，完善鼓励创新的体制机制，大力开展技术创新、模式创新，全面提高产业创新能力，推动产业逐步向高技术含量、高附加值的高端业务攀升。

——以人为本，协调发展。坚持把人才队伍建设作为产业发展的核心动力，创新人才培养体制，拓宽人才培训渠道，创造宜于人才发展的环境，大力引进高端技术人才和管理人才，壮大创新型人才队伍，注重发挥产业对构建和谐社会的积极作用，努力扩大吸纳大学生就业规模，带动相关制造业、服务业水平提升。

——内外并举，全面发展。以大力承接国际服务外包业务为导向，积极开拓国际市场，提高全球交付能力和产业成熟度。切实把握国内产业结构优化升级契机，挖掘在岸服务需求，充分利用“两个市场，两种资源”，实现国际国内服务外包协调发展、互动发展。

（三）发展目标

“十二五”期间，我国国际服务外包产业要努力实现以下发展目标：

——产业规模进一步扩大。产业总量持续高速增长，承接离岸外包业务执行额年均增幅保持40%左右，2015年达到850亿美元，占我国服务贸易出口额比重达到28%，形成若干家数万人规模的大型综合服务供应商，在境内外上市的国际服务外包企业达到80家以上。

——自主创新能力大幅提高。掌握一批拥有知识产权的核心技术，行业技术能力和企业核心竞争力进一步增强，企业创新能力大幅提高，品牌建设取得突破，企业获得国际资质认证总数达到3000个以上，技术先进型服务企业超过1500家，形成若干创新能力较强、品牌知名度较高的产业集群。

——人才队伍建设进一步强化。就业吸纳效果进一步显现，5年共吸纳就业250万人，其中吸纳大学毕业生就业180万人，2015年末，产业从业人员总数力争突破450万人，从业人员队伍结构不断优化，人才培养体制机制更加完善，宽领域、多层次、多渠道培训体系基本建立，5年累计培训从业人员200万人次，引进一批具有国际市场开拓能力的高端人才，逐步建成一支有活力、有竞争力的高素质人才队伍。

——运行环境进一步改善。政策法规体系更加健全，市场规则更加完善，知识产权保护得到加强，科学合理的统计体系和综合评价体系逐步建立，服务外包示范城市、服务外包平台建设水平不断提高，网络通信、电力供应、办公居住用房等基础条件大幅改善，政府服务更加高效，产业基础研究新成果不断涌现。

——区域布局更加科学。城市间、地区间联动合作机制基本建立，不同城市和地区的错位发展、东中西部的协调发展局面初步形成，产业集聚度进一步增强，示范城市引领带动作用更加明显，建成若干具备一定规模的特色产业带，打造1~2家全球服务外包交易中心，成为国际服务外包业务的集散平台和产业交流平台。

——国际竞争力大幅提升。产业接单能力、海外交付能力、市场开拓能力显著增强，离岸外包业务全球市场份额加速增长，产业国际化程度全面加深，利用外资的规模和水平显著提高，企业跨国经营能力进一步提升，“走出去”步伐逐步加快，“中国服务”品牌得到全球高度认知，产业全球影响力不断增强。

四、重点领域

紧紧围绕转变经济发展方式与产业优化升级的新要求，把握后危机时期国际服务业转移和全球服务外包离岸发展的新趋势，针对国家重点支持发展的现代服务业和战略性新兴产业，立足我国国际服务外包发展的客观实际，鼓励发展具有高知识含量、高附加值、高创新性的信息技术服务外包（ITO）、业务流程服务外包（BPO）和知识流程服务外包（KPO）。

（一）巩固提升的优势领域

坚持做大规模、做强实力、加强集聚、扩张优势，进一步夯实现有优势行业发展基础，着力提升国际服务外包产业发展能级，“十二五”期间力争在软件和通信、金融、医药研发等国际服务外包领域实现较大发展。

软件国际服务外包。软件国际服务外包发展迅速，规模持续扩大，企业实力不断增强，形成具有雄厚技术基础和规模的国际服务外包产业群。“十二五”期间要大力发展软件开发与测试、运行维护与服务等业务，加快向软件咨询、解决方案等高端环节拓展，不断提升国际分工地位。针对用户的运营、生产、供应链、客户关系、人力资源和财务管理、计算机辅助设计、工程等业务，重点发展定制软件、嵌入式软件、套装软件和软件测试、应用软件集成以及维护管理等国际服务外包，推动承接海内外企业管理系统开发和售后运营服务等业务。不断创新服务模式，以SaaS应用为先导，在离岸服务中大力推广云服务。

金融国际服务外包。金融国际服务外包规模大、管理模式成熟、吸纳就业能力强，未来市场需求旺盛，我国在多年承接国际和国内业务的过程中积累了一定的经验，具有较高的国际认知度。“十二五”期间要在扩大我国企业在IT相关业务、信用卡业务、人力资源管理、后勤保障等金融外包业务的现有优势基础上，不断向金融咨询和解决方案、中后台数据处理、数据挖掘与分析等高端服务拓展，提高我国金融服务专业化、标准化和国际化水平。

医药研发国际服务外包。我国医药研发产业链日益成熟，医药研发外包市场规模不断扩大，跨国制药公司研发中心加快向中国转移。“十二五”期间要积极参与全球创新药研发服务，不断提升创新能力，完善医药外包服务链，拓展国际服务外包领域和产品。在基础研究、药物发现、临床前研究、临床研究的研发国际服务外包链条上，重点发展符合国际规范的新型药物安全评价、药理药效、药代、新型制剂、临床试验等领域，着力向大分子药物、医疗器械、植物药、食品、农药等更多领域拓展。“十二五”末，初步形成较为完整的医药研发国际服务外包产业链，离岸业务力争达到30亿美元。

通信国际服务外包。随着通信网络规模持续扩大，第三代、第四代移动通信（3G、4G）网络快速发展，各类通信业务的外包比例不断增加。“十二五”期间要重点发展电信业务咨询、系统开发和管理等国际服务外包领域，扩大电信业务运营中的电信IT基础设施服务、电信咨询服务等外包业务规模。发展数据中心相关国际服务外包业务，提升建造绿色节能数据中心的技术能力以及整体解决方案。“十二五”期间，力争实现年均增长50%以上。

（二）重点突破的关键领域

坚持以市场需求为导向，以创新为核心，聚焦我国国际服务外包产业关键领域，“十二五”期间力争在文化创意、商务、物流等领域国际服务外包业务实现较大突破。

文化创意国际服务外包。文化创意服务是全球高速发展的新兴产业，并呈现高速增长、集群化发展的态势。“十二五”期间要充分利用信息全球化所带来的全球数字内容产业快速增长的新机遇，做大做强动漫、游戏、影视和媒体等文化创意国际服务外包。在大力发展国际接包的基础上，注重增强创新和开发设计能力，扶持一批龙头企业，努力形成品牌，着力打造动漫公共服务平台。不断提升动漫、游戏产业的创新研发能力、制作能力和衍生品开发能力，提高手机数字娱乐产品的创新水平，推动影视剧制作外包的规模化发展。重点在动漫游戏、数字娱乐、影视制作等领域，发展三维（3D）模型外包、电脑图形（CG）动画外包、动画开发、特效制作、游戏制作、漫画数字化应用、媒体后台数据库等外包业务。

商务国际服务外包。商务国际服务外包具有较高的成长性和巨大的市场需求，我国人力资源丰富，商务成本具备竞争力，具有良好的发展基础。“十二五”期间要着力发展具有较高专业要求和技术含量的商务国际服务外包，更加注重专业人才的培训和教育。重点发展市场研究和需求分析、管理咨询、法律咨询、工程咨询、客户管理及客户关怀服务、采购与供应链服务、人力资源咨询及管理、财务咨询及会计审计、垂直行业特色业务服务、认证认可、信用评估等国际服务外包。

物流国际服务外包。物流国际服务外包规模效益好、增长空间大，我国经济的快速增长将带来持续旺盛的物流需求。“十二五”期间要立足市场需求，进一步拓展物流国际服务外包的领域和规模，积极发展专业物流国际服务外包，加快延伸物流服务产业链，着力搭建第三方物流信息平台、企业对企业（B2B）商务平台，积极培育物流供应链系统集成商（第四方物流）。重点发展物流采购整体解决方案设计、供应链管理系统等高端国际服务外包业务，积极扩大数据处理、订单管理、客户服务中心、物流信息系统维护等外包业务规模，着力扶持在物流国际服务外包中有一定规模、信誉及能力较强的企业，提高物流国际服务外包企业的服务交付水平。

（三）积极培育的新兴领域

紧紧把握全球国际服务外包产业发展的新动向和新趋势，着力培育技术和安全要求高、行业成长性好、国际上已经发展成熟、国内发展潜力巨大的医疗国际服务外包、公共国际服务外包等领域。

医疗国际服务外包。医疗国际服务外包是全球服务外包发展较为成熟的行业，在北美国际服务外包各行业的平均增长速度中排名第一，欧洲和日本等医疗发达国家也有大量的医疗服务业务，巨大的外包业务量为我国承接离岸服务创造了市场条件。“十二五”期间要重点发展医疗信息化系统和应用的维护外包、远程咨询和远程医疗等国际服务外包业务。

公共国际服务外包。政府的公共服务外包在发达国家已经成熟，有力促进了政府提升服务质量和降低成本，在整个国际服务外包市场中占比最高。“十二五”期间要积极争取国际服务外包市场，重点发展运营维护、数据处理、培训及租赁等国际服务外包业务。

其他领域。教育、批发和零售等领域的国际服务外包在全球服务外包市场中占据的份额不断上升。“十二五”期间要积极培育承接相应国际服务外包的能力，重点发展远程教育和培训、批发和零售电子交易平台等国际服务外包。

五、重点区域

立足现有产业基础、区位优势、资源环境等因素，积极构建以示范城市为主体，辐射带动周边城市发展，分工有序、各具特色的产业发展格局，积极打造服务外包城市集群和国际服务外包产业带。

（一）发挥东部沿海城市的龙头作用

发挥长三角、环渤海、珠三角地区已经形成的国际服务外包产业聚集优势，打造国际化的金融中心、航运服务中心、物流采购中心、研发设计中心、信息服务中心、文化创意中心、商务营运中心、技术交易中心，着力提高全球接单能力，不断提升国际服务外包竞争力，对全国形成强大的辐射带动效应。

长三角地区。依托长三角地区良好的基础设施、丰富的高校、人力资源以及国际化程度高的优势，以上海为龙头，江浙为两翼，构建长三角服务外包城市集群。力争形成以上海、苏州、南京、无锡、杭州为主体，带动宁波、南通、嘉兴等有发展潜力的城市共同发展的格局。发挥浦东新区的辐射带动作用，大力吸引国内外创新资源，积极打造国际服务外包产业发展平台，着力发展信息技术、金融、物流、动漫影视和媒体服务、医药研发、集成电路设计等国际服务外包行业，成为我国国际服务外包产业的主要增长极。

环渤海地区。依托区域科教资源丰富以及靠近东北亚经济圈的优势，力争形成以北京、天津、济南为主体，带动青岛、烟台、石家庄等有发展潜力的城市共同发展的格局。发挥中关村创新示范区、天津滨海新区的辐射带动作用，着力形成软件与信息技术、港口物流、金融、研发等高端国际服务外包产业集群。

珠三角地区。依托珠江三角洲地区产业配套齐全，加工制造业集聚，外向型经济发达，毗邻港澳台、接近东南亚的区位优势，力争形成以广州、深圳为主体，带动佛山、珠海、东莞、顺德等有发展潜力的城市共同发展的格局。着力在工业设计、产品研发、动漫影视服务等国际服务外包行业形成聚集发展。

海峡西岸经济区要力争形成以厦门为主体，带动福州、泉州等有发展潜力的城市，积极承接台湾地区服务外包业务，打造两岸共建服务外包示范城市。

（二）继续鼓励中西部城市加快发展

充分发挥中西部城市智力资源密集、商务成本相对较低的优势，积极发展国际服务外包产业。把推动国际服务外包产业发展作为扩大中西部对外开放，构建内陆地区开放型经济高地的重要突破口。增强承接能力，扩大产业规模，建设面向全球的国际服务外包交付中心。

中部地区。依托区域高校科技资源优势、人力成本优势和制造业优势，力争形成以武汉、合肥、南昌、长沙为主体，带动郑州、太原等有发展潜力的城市共同发展的格局。进一步改善国际服务外包产业基础设施条件，大力集聚国际服务外包发展资源，着力在应用软件、动漫和网络游戏、物流、工程设计等国际服务外包行业取得重大突破。

西部地区。积极承接来自国外以及东部地区的国际服务外包转移，力争形成以西安、成都、重庆为主体，带动兰州、南宁等有发展潜力的城市共同发展的格局。以成都为龙头着力打造西部软件与信息技术国际服务外包高地，以西安为龙头着力打造西部国际服务外包研发设计中心和专业人才高地。发挥两江新区产业集聚优势，带动重庆国际服务外包发展。

（三）支持东北城市积极发展

大力支持东北城市紧密结合区位优势、要素优势和产业优势发展国际服务外包产业，立足提升区域创新能力，走差异化、特色化的国际服务外包产业发展道路，不断增强区域产业的整体竞争力，形成合理布局、良性互动、共同发展的分工格局。

依托东北老工业基地科教资源密集、产业体系完整等优势，力争形成以大连、哈尔滨、大庆、沈阳、长春为主体的城市发展格局。不断优化国际服务外包产业的发展环境，加大市场开拓力度，积极发展软件与信息技术、工程设计、地理信息系统服务等国际服务外包行业，为振兴东北老工业基地和资源型城市转型升级提供有力支撑。

（四）推动边境城市稳步发展

适度促进有条件的海南、云南、贵州、广西、内蒙古、新疆等边境省区和口岸城市结合自身特点和优势发展国际服务外包产业，尤其是在软件与信息、人力资源、BPO 行业资讯、呼叫中心、政府外包、边贸物流等领域的国际服务外包，争取在“十二五”期间取得突破性进展。

六、重点任务

围绕“十二五”时期我国国际服务外包产业发展目标，坚持做大产业规模与增强创新能力并举，加快集中优势资源，推动国际服务外包产业规模和水平再上新台阶。

（一）提高产业国际竞争力

培育国际服务外包领军企业。推动国内大型国际服务外包企业不断做大做强，积极利用兼并、重组、上市等多种方式，整合要素资源，扩大企业规模，提升品牌影响力，增强创新能力，鼓励承接长期服务合约形式的外包业务，加快形成一批具有较强国际竞争力的国际服务外包领军企业。

推动中小企业加快成长。积极营造有利于中小服务外包企业提升、发展、壮大的环境，切实减轻企业负担，加强企业自身建设，引导走特色化、专业化、创新化发展道路，不断提高市场开拓能力，成为参与国际服务外包市场竞争最活跃的力量。

加快产业集群化发展。发挥核心企业引领作用，推动建立企业间联合接包、联合研发等多种形式的国际服务外包产业联盟，聚焦重点领域、重点行业、重点园区，强化基础设施配套，优化产业生态，形成若干具备国际竞争优势的产业集群，提升国际服务外包产业整体竞争力。

（二）大力开拓国际市场

推进“中国服务”品牌建设。增强与全球知名国际服务外包研究机构、中介组织等的沟通与交流，全方位展示中国国际服务外包业务承接能力。全力推广“中国服务”品牌，增强中国国际服务外包产业知名度和美誉度。

优化国际市场结构。进一步巩固日韩等亚洲地区市场，努力拓展欧美市场，积极关注新兴市场，保持多元化的国际服务外包市场结构。探索与周边国家和地区合作，共同开拓第三国市场。

提高产业开放水平。优化外资利用结构，重点引进全球知名国际服务外包供应商，促进跨国公司软件与信息技术、研发、设计、金融、物流采购、咨询等国际服务外包业务向我国转移，推动跨国公司在华设立地区总部、研发中心、共享中心、交付中心等功能性机构。加强海外投资环境研究，引导国际服务外包企业有序到境外开展投资合作，积极发展我国投行机构，增强企业海外市场拓展能力，提高企业国际化经营水平。

增强全球资源配置能力。积极参与全球产业发展的基础研究和标准制订，着力构建以龙头企业为骨干力量的技术标准研究体系，与相关国际行业协会开展合作，推动标准互认，探索建立互利共赢的紧密合作机制。推动有条件的城市率先发展成全球国际服务外包交易中心，不断增强我国在全球国际服务外包产业发展中的资源集聚、信息集散和交易配置功能。

（三）增强企业创新能力

大力优化创新环境。加快公共平台建设，完善创新服务体系，以科研集群基地、孵化基地建设为重点，不断优化软件平台、资源信息库等基础环境。引导服务外包企业开展知识创新和技术创新，推动国际服务外包创新项目列入国家重大科技专项。提升创新服务水平，逐步形成适应服务外包产业创新的专业服务体系，优化制度环境。

健全创新机制。以企业为主体，建设结构合理、功能完备、开放竞争、富有活力的产学研用紧密结合的创新体系。强化企业运营模式、交付模式等产业发展模式的创新，鼓励企业加强原始创新、集成创新和引进消化吸收再创新，加强产学研合作，在重点领域攻克一批核心关键技术，积极申请专利，不断提升产业技术水平。充分发挥领军人才的重要作用，推动服务外包企业通过自建、共建、联建等多种形式建立研发机构，加大技术创新投入，形成一批国际知名的服务外包产业研发机构。引导服务外包企业与高校院所开展深度合作，共同建设重点实验室、工程技术研究中心等创新平台及博士后流动站。建立和完善社会化、网络化、专业化的创新服务体系，重点建设创新资源共享、成果转化、企业孵化、投融资和技术教育等服务平台，创建以企业孵化器为主体的创业服务中心。

（四）优化人力资源结构

建立多层次人才结构体系。扩大国际服务外包产业的专业技术人才、管理人才、中介服务人才规模，优化人才结构，加快形成通晓外语、业务素质较高、专业门类齐全、基本满足产业发展需求的人力资源队伍。

健全多元化人才培养机制。创新培养模式，逐步形成学校、专业培训机构、用人企业相互结合、优势互补、共同推动的良好局面。引导用人企业加大人才培养力度，创新企业与学校联合培养机制，推动建立一批校企共建实训基地。加大力度引进海外国际服务外包人才，积极开展人才培训国际交流，提高人才国际化水平。进一步落实现有推进国际服务外包人才培养各项政策，营造适应人才集聚的社会环境、生活环境和制度环境。

完善多样化人才输送渠道。加强国际服务外包产业宣传力度，提高行业社会知名度，增加就业吸引力。建立完善多层次服务外包企业与高校毕业生就业对接体系，鼓励服务外包企业积极参与高校毕业生就业见习工作，积极推动国际服务外包人才网络招聘等就业服务工作，吸引各类复合型实用人才从事国际服务外包行业。

（五）改善公共服务质量

不断完善政策环境。加强调查研究，进一步在财政税收、金融支持、人才培养、知识产权保护等领域完善扶持政策。鼓励有条件的地区先行先试，加大政策试点和推广力度。支持服务外包企业利用保税和海关特殊监管区域相关政策，创新国际服务外包发展模式。加快综合评价体系等基本制度建设，逐步建立科学可行的服务外包统计体系。

着力优化政府服务。充分发挥政府对产业的宏观指导作用，提升政府服务能力，增强服务意识，不断创新管理和服务方式，做到依法行政，保护服务外包企业的合法权益，切实帮助解决企业经营中遇到的困难和问题。加大扶持政策执行力度，强化政策落实和情况跟踪督查。着力做好政策、市场等公共信息发布工作，为企业发展提供透明、高效的服务环境。充分发挥我国驻外机构的服务功能，建立国际服务外包产业海外扩展体系。

加强载体平台建设。提升国际服务外包产业载体建设水平，进一步推动园区建设，加快完善 IT 基础设施，提高综合保障水平，大力推进公共服务平台建设，吸引各类主体参与投资，整合各种资源，重点推进信息服务、融资担保服务、市场交易服务、知识产权服务、成果展示等各种公共服务平台的建设。

积极开展基础研究。加强国际服务外包研究机构建设，着力开展国际服务外包基础研究，探索国际服务外包发展规律，跟踪国内外产业最新发展动态，研究产业发展趋势，提供权威研究成果。

七、保障措施

我国国际服务外包产业处于发展初期，实现本规划的目标和任务，需要创新体制机制，强化政策支持，整合国内外资源，加强规划实施，形成长效的产业推进机制。

（一）加强体制机制保障

完善组织协调机制。充分发挥促进国际服务外包产业发展部际合作机制，加强跨部门间的沟通和协调，研究出台相关政策措施，形成推动我国国际服务外包产业发展的合力。支持组建各类服务外包协会组织，建立政府主管部门与行业协会间的沟通与预警机制，发挥行业协会在投资促进、信息交流、行业自律、知识产权保护等方面的作用。

深化“部省市”合作机制。加强国务院各部门与地方政府间的沟通和合作，适时修订部省市推动国际服务外包产业发展的共建协议，明确发展目标，集中部、省、市资源，在产业政策、产业规划、园区建设、人才培训、促进就业、鼓励创新、信息化基础设施建设等方面，共同推动示范城市国际服务外包产业的发展。

建立区域合作机制。以示范城市为主要承载地，增强一线城市国际服务外包接包能力，努力提升二三线城市国际服务外包交付水平。加快推动不同城市、区域在资本、管理、人才等领域开展多种形式的合作，逐步建立区域间国际服务外包产业转移、承接、拓展的促进机制。构建区域合作组织框架，举办区域合作发展交流活动，为区域合作搭建平台。积极研究区域合作中长期发展战略，促进东中西部地区产业协调发展。

（二）加大政策支持力度

优化多层次的支持政策体系。全面贯彻落实国家关于鼓励国际服务外包产业发展文件精神，积极制订配套措施，加快落实财税、金融、劳动工时、电信、人才培训等支持政策。采取园区、示范城市先行先试，逐步推广等方式，加快出台扶持政策措施。加大对中西部地区发展国际服务外包产业的政策支持力度。鼓励各地政府、开发区、园区根据当地国际服务外包产业发展情况，不断修订和完善地方性鼓励措施。

完善财政税收扶持体系。集成各部门现有国际服务外包优惠政策，加大现有财政税收优惠政策的落实力度。根据产业发展的趋势和要求，进一步加大对服务外包企业人才培养、国际资质认定、市场开拓等领域的资金支持。鼓励开展国际服务外包业务模式创新，加大对符合条件的示范性创新项目的资金支持。

健全高效投融资体系。积极改进和完善对国际服务外包产业的金融服务。鼓励金融机构创新符合国际服务外包产业特点的金融产品，拓宽抵押担保物范围。推动各类投资担保机构为服务外包企业提供贷款担保。大力支持符合条件的服务外包企业发行债务融资工具和在境内外特别是创业板上市，拓宽服务外包企业融资渠道。引导社会资本进入服务外包创业投资领域和新兴国际服务外包发展领域。鼓励金融机构积极开展适合服务外包企业特点的金融产品和服务方式创新，加大对中小服务外包企业的金融扶持力度。

加大服务外包知识产权保护力度。健全与知识产权保护相关的配套法律法规，依法打击侵犯知识产权的行为，建立公平、公正、公开的市场竞争环境。加强对服务外包业务信息安全的保护力度，支持服务外包企业不断改进内部信息安全体系。

（三）提升人才队伍素质

抓好高校育人环节。继续抓好高等院校计算机科学与技术、软件工程和网络工程等专业试点，为国际服务外包产业发展提供人才智力支撑，建立加强师资队伍培训的联合工作机制。加强对高校发展目标、专业设置、教育模式等方面的整体规划和指导，鼓励高校增设服务外包相关专业和课程。推动高校与服务外包企业开展双向交流，提高教学质量。推动有条件的服务外包企业、社会培训机构和高校建设服务外包大学生实训实习基地，鼓励服务外包企业支持高校学生实习和社会实践活动。

加大在职培训力度。整合社会各种资源加大对企业的培训服务，引导高等院校、科研院所、职业院校及相关社会培训机构建立服务外包人才培训机构，开展相关培训。推动国际交流，积极引进国外优质培训力量，加大对企业项目经理等中高端人员培训力度。

积极引进高端人才。充分利用国际国内两个人才市场、两种人才资源，鼓励从海外引进市场开拓、流程管理、技术创新等各类国际服务外包产业高端人才，享受出入境、长期居留、子女入学等优惠政策。支持海外人才回国创办服务外包企业。

（四）支持企业开拓海外市场

加强对服务外包企业对外投资的宏观指导和支持服务，充分发挥我国驻外机构的服务功能，鼓励服务和支持有实力的服务外包企业“走出去”，通过新建、并购、参股、增资、助资等方式开展境外投资，有效整合利用国际资源。积极参与国际服务外包论坛、会展，逐步扩大国际影响力。支持服务外包企业和行业组织参与制订国际服务外包产业国际标准，增强国际话语权。推动与跨国公司的合作，鼓励跨国公司在我国开展国际服务外包业务。

（五）建立评估指导体系

完善服务外包统计制度。根据国际国内服务外包发展趋势，深度把握内涵，建立真实反映服务外包产业发展特点的统计标准。加强数据采集工作，运用信息化手段，全面、准确、及时、充分地报送相关数据，提高数据质量，为宏观决策服务。

建立综合评价制度。按照科学性与可行性相结合、质量和规模相结合、定量与定性相结合等原则，加快制订中国服务外包示范城市综合评价办法，逐步形成较为完善的中国服务外包示范城市认定、评价、考核综合体系。

加强分类指导评估。引导各地依据当地情况，建立符合当地实际的地方性城市、园区等综合评价制度，强化对各地的分类指导，鼓励各地根据自身发展条件，走差异化、特色化、内涵式发展道路。

（六）推进规划组织实施

加强组织领导。加强对规划纲要实施的组织领导，制订切实可行的规划实施方案，编制有关重点领域的专项指导意见，明确工作分工，完善工作机制，落实工作责任。

加强统筹协调。在规划编制、政策实施、项目安排、体制创新等方面给予各地积极支持，做好组织协调工作。加强国务院有关部门之间的沟通和协调，指导和帮助各地落实规划纲要实施中各项工作和任务。

加强监督检查。加强对本纲要实施情况的跟踪分析，做好各项工作和政策措施落实的督促检查工作。按照国家“十二五”规划检测和考核评估的统一安排，组织开展规划实施情况的评估。完善社会监督机制，鼓励公众积极参与规划的实施和监督。

八、名词解释

（一）服务外包

服务外包指客户单位（可以是企业、政府、学校、医院、军队等各类机构）依托于信息技术将原在内部完成的某些流程或职能转移给外部的服务提供商去完成，并以合同形式为这些服务支付相应的费用。服务外包按交付方式可分为国内外包和国际（离岸）外包两类。按照国家统计局批准的《服务外包统计报表制度》，目前服务外包的统计范围为跨境服务外包。

（二）技术先进型服务企业

财税〔2009〕63 号文中对符合相关标准的企业认定为技术先进型服务企业，该类企业享有的有关税收优惠政策最早在苏州工业园区进行试点，并经国办函〔2009〕9 号确定，推广到所有示范城市。即自 2009 年 1 月 1 日起至 2013 年 12 月 31 日止，在示范城市的技术先进型服务企业，在企业所得税征收、职工教育经费的税前扣除、营业税免征等方面享受相应的优惠政策。

（三）信息技术外包

英文为 Information Technology Outsourcing，简写 ITO，指企业向外部寻求并获得包括全部或部分信息技术类的服务。服务内容包括软件研发及外包、信息技术研发服务外包、信息系统运营维护外包。

（四）业务流程外包

英文为 Business Process Outsourcing，简写 BPO，指企业将自身基于信息技术的业务流程委托给专业化服务提供商，由其按照服务协议要求进行管理、运营和维护服务等。服务内容包括企业内部管理服务、企业业务运作服务、供应链管理服务等。

（五）知识流程服务外包

英文为 Knowledge Process Outsourcing，简写 KPO，属于 BPO 的高端层次，指位于发包商流程价值链高端的高知识含量的外包业务。具体包括知识产权研究、医药和生物技术研发和测试、产品技术研发、工业设计、分析学和数据挖掘、动漫及网游设计研发、教育课件研发、工程设计等领域。

（六）国际服务外包主要业务范围

1. 信息技术外包服务（ITO）

软件研发及外包

类别	适用范围
软件研发及开发服务	用于金融、政府、教育、制造业、零售、服务、能源、物流和交通、媒体、电信、公共事业和医疗卫生等行业，为用户的运营/生产/供应链/客户关系/人力资源和财务管理、计算机辅助设计/工程等业务进行软件开发，定制软件开发，嵌入式软件、套装软件开发，系统软件开发软件测试等
软件技术服务	软件咨询、维护、培训、测试等技术性服务

信息技术研发外包

类别	适用范围
集成电路设计	集成电路产品设计以及相关技术支持服务等
提供电子商务平台	为电子贸易服务提供信息平台等
测试平台	为软件和集成电路的开发运用提供测试平台

信息系统运营维护外包

类别	适用范围
信息系统运营和维护服务	客户内部信息系统集成、网络管理、桌面管理与维护服务；信息工程、地理信息系统、远程维护等信息系统应用服务
基础信息技术服务	基础信息技术管理平台整合等基础信息技术服务（IT 基础设施管理、数据中心、托管中心、安全服务、通讯服务等）

2. 技术性业务流程外包服务（BPO）

类别	适用范围
企业业务流程设计服务	为客户企业提供内部管理、业务运作等流程设计服务
企业内部管理数据库服务	为客户企业提供后台管理、人力资源管理、财务、审计与税务管理、金融支付服务、医疗数据及其他内部管理业务的数据分析、数据挖掘、数据管理、数据使用的服务；承接客户专业数据处理、分析和整合服务
企业运营数据库服务	为客户企业提供技术研发服务、为企业经营、销售、产品售后服务提供的应用客户分析、数据库管理等服务。主要包括金融服务业务、政务与教育业务、制造业务和生命科学、零售和批发与运输业务、卫生保健业务、通讯与公共事业业务、呼叫中心等
企业供应链管理数据库服务	为客户提供采购、物流的整体方案设计及数据库服务

3. 技术性知识流程外包（KPO）

适用范围
知识产权研究、医药和生物技术研发和测试、产品技术研发、工业设计、分析学和数据挖掘、动漫及网游设计研发、教育课件研发、工程设计等领域

（七）服务外包示范城市

由国家认定，开展承接国际服务外包业务、促进国际服务外包产业发展，并享受相关优惠政策的试点城市。截至 2011 年 1 月份，共认定北京、天津、上海、重庆、大连、深圳、广州、武汉、哈尔滨、成都、南京、西安、济南、杭州、合肥、南昌、长沙、大庆、苏州、无锡、厦门等 21 个城市为中国服务外包示范城市。

（八）服务外包企业六类国际资质认证

六项国际资质认证包括：开发能力成熟度模型集成（CMMI）、开发能力成熟度模型（CMM）、人力资源成熟度模型（PCMM）、信息安全管理（ISO27001/BS7799）、IT 服务管理（ISO20000）、服务提供商环境安全性（SAS70）。

附录五：关于做好 2013 年度承接国际服务外包业务发展资金申报管理工作的通知

（财企〔2013〕52 号）

各省、自治区、直辖市、计划单列市财政厅（局）、商务主管部门，新疆生产建设兵团财务局、商务局，有关中央管理企业：

为落实国务院关于促进服务外包产业发展的精神，加快我国服务外包产业发展，支持服务外包企业做大做强，积极承接国际服务外包业务，促进外贸增长方式转变，财政部、商务部决定继续安排承接国际服务外包业务发展资金（以下简称发展资金），对 2013 年度承接国际服务外包的相关业务予以支持。现就有关事项通知如下：

一、2013 年资金支持的领域和重点

根据《2013 年度承接国际服务外包业务发展资金管理指南》（详见附件，以下简称《管理指南》）的适用范围，2013 年发展资金支持的领域和重点如下：

（一）支持示范城市公共服务平台建设。

（二）支持服务外包企业取得国际通行的资质认证。

（三）支持承接国际服务外包业务企业的人才培训。

（四）支持培训机构（含大专院校，以下统称培训机构）培训承接国际服务外包人才。

二、申请资金支持的企业和培训机构、示范城市需具备的条件

（一）服务外包企业应当具备下列条件：

1. 属于在中国境内注册、具有企业法人资格、依法备案登记的对外贸易经营者，且如实填报《服务外包统计报表制度》中规定的报表。

2. 近两年未在进出口业务管理、财务管理、税收管理、外汇管理、海关管理等方面受到处理处罚。

3. 已与服务外包发包商签订中长期提供服务外包业务合同，且满足以下条件之一：

（1）企业 2012 年提供服务外包业务额不低于 50 万美元，其中向境外最终客户提供服务外包业务额占本企业服务外包业务额 50% 以上；

（2）企业 2012 年提供服务外包业务额不低于 500 万美元，其中向境外最终客户提供服务外包业务额占本企业服务外包业务额 35% 以上。

4. 具有服务外包承接能力及服务外包市场开拓和项目管理人员，大学（含大专，下同）毕业及以上学历员工占员工总数 70% 以上。

（二）培训机构应当具备下列条件：

1. 具有服务外包人才培训的从业资格；

2. 具有符合条件的场地、设施、专业教材和师资力量；

3. 具有为服务外包企业提供定制培训的经验；

4. 具有健全的财务制度和合格的财务管理人员；

5. 所申报的培训项目原则上为非盈利培训；

6. 上年度培训机构无虚报、瞒报等违规行为。

各省、自治区、直辖市、计划单列市（含示范城市）商务主管部门应当根据上述条件制定培训机构管理办法并报商务部备案，对培训机构进行规范化管理和指导，对符合规定的培训机构进行备案。

（三）示范城市应为经国家批准的 21 个示范城市，申请 2013 年度资金支持前，已制定并公布了示范城市服务外包公共服务平台建设资金使用管理办法。

三、支持的标准和支持方式

对 2012 年 7 月 1 日 ~2013 年 3 月 31 日期间的服务外包业务予以支持：

（一）给予示范城市 500 万元的定额支持，专项用于公共技术服务平台、公共信息服务平台和公共培训服务平台所需设备购置、运营及维护费用；建立服务外包信息安全及知识产权保护体系、国际市场品牌推广、开展产业研究等。

（二）对服务外包企业取得的开发能力成熟度模型集成（CMMI）、开发能力成熟度模型（CMM）、人力资源成熟度模型（PCMM）、信息安全管理（ISO27001/BS7799）、IT 服务管理（ISO20000）、服务提供商环境安全性（SAS70）、国际实验动物评估和认可委员会认证（AAALAC）、优良实验室规范（GLP）、信息技术基础架构库认证（ITIL）、客户服务中心认证（COPC）、环球同业银行金融电讯协会认证（SWIFT）、质量管理体系要求（ISO9001）、业务持续性管理标准（BS25999）等相关认证及认证的系列维护、升级给予支持，每个企业每年最多可申报 3 个认证项目，每个项目不超过 50 万元的资金支持。

（三）服务外包企业每新录用1名大学以上学历员工从事服务外包工作并签订1年以上（含1年，下同）劳动合同的，给予企业每人不超过4500元的定额培训支持（定向用于上述人员的培训）。对被录用人员提前解除合同，并在原合同规定的1年期内，与其他服务外包企业或原企业签订新的劳动合同的不再予以资金支持。

（四）服务外包培训机构培训的从事服务外包业务人才（大学以上学历），通过服务外包业务专业知识和技能培训考核，并与服务外包企业签订1年以上劳动合同的，给予培训机构每人不超过500元的定额培训支持。

四、资金的申请和拨付

发展资金的申请、拨付和跟踪问效，严格执行《管理指南》的有关规定。

请各省、自治区、直辖市、计划单列市商务和财政主管部门按照规定审核、汇总相关申请材料，于2013年6月10日前上报到商务部、财政部，逾期不予受理。

各地区（单位）在工作中如发现问题，请及时向财政部（企业司）、商务部（财务司、服务贸易和商贸服务业司）反映。

特此通知。

财政部　商务部

2013年4月9日

附件：2013年度承接国际服务外包业务发展资金管理指南

第一章　总则

第一条　依据《国务院办公厅关于促进服务外包产业发展问题的复函》（国办函〔2009〕9号）、《国务院办公厅关于鼓励服务外包产业加快发展的复函》（国办函〔2010〕69号）和《国务院办公厅关于进一步促进服务外包产业发展的复函》（国办函〔2013〕33号），中央财政安排承接国际服务外包业务发展资金（以下简称发展资金）。为保证发展资金使用的科学、规范、安全、有效，制定本指南。

第二条　服务外包是指机构将由内部完成的非核心业务剥离出来，通过签订合同的方式，外包给外部专业服务提供商提供的有偿服务。

本指南所指承接国际服务外包业务是指境内企业与境外客户签订服务外包合同，向境外客户提供的国际（离岸）外包服务并从境外取得收入的服务外包业务。

第二章 支持范围

第三条 发展资金应专款专用，主要用于鼓励示范城市的公共服务平台建设；提高服务外包企业的国际竞争力；优化从业人员结构。

第四条 根据服务外包产业发展需要，商务部会同财政部每年确定年度发展资金的支持领域和重点、支持额度、标准和方式。

第三章 资金申请

第五条 申请服务外包平台资金支持的示范城市应当提交以下材料：

（一）《服务外包示范城市公共平台支持资金申请报告》，包括本城市和重点园区的外包产业发展概况，以及重点外包行业、企业基本情况和发展概况等；

（二）本地区服务外包公共平台资金使用管理办法；

（三）服务外包平台建设的可行性研究报告、建设报告、验收报告和专项审计报告；

（四）其他有关材料。

第六条 申请国际资质认证补助的企业应向所在地商务主管部门提交以下材料：

（一）《国际资质认证补助申请报告》，包括企业基本情况，开展服务外包情况，以及获得资质认证情况等；

（二）国际资质认证证书复印件；

（三）与相关国际认证评估顾问公司签订的合同协议复印件；

（四）缴纳认证费用凭证的复印件，包括认证费用发票和相对应的银行出具的支付凭证；

（五）包括认证内容的审计报告，或专门针对认证内容的审计报告；

（六）其他有关证明材料。

第七条 申请人才培训补助的企业应向所在地商务主管部门提交以下材料：

（一）《服务外包人才培训资金补助申请报告》，包括企业基本信息及相关发展情况，以及《服务外包人才培训资金补助申请表》；

（二）营业执照复印件，地税、国税登记证复印件；

（三）相关资质证书复印件；

（四）2012 年 7 月 1 日 ~2013 年 3 月 31 日期间新录用人员身份证明，大学以上学历证明，以及签订1年以上的《劳动合同》的复印件，企业为新录用人员在申报期间所缴纳的社会保险证明的复印件；

（五）经会计师事务所审计的企业2012年度财务会计报告；

（六）包括服务外包业务培训内容的审计报告，或专门针对服务外包业务培训内容的审计报告；

（七）服务外包合同或协议的复印件；

（八）“结汇转账贷方凭证”和“涉外收入申报单”的复印件；以人民币进行跨境结算的，须提交相关业务凭证复印件；

（九）其他有关证明材料。

第八条　申请补助的培训机构应向所在地商务主管部门提交以下材料：

（一）《服务外包人才培训资金补助申请报告》，培训机构开展服务外包培训情况，以及《服务外包人才培训资金补助申请表》；

（二）营业执照复印件，地税、国税登记证复印件；

（三）相关资质证书复印件；

（四）2012年7月1日~2013年3月31日期间新培训人员身份证明，大学以上学历证明，以及签订1年以上的《劳动合同》的复印件；

（五）经会计师事务所审计的培训机构2012年度财务会计报告；或包括服务外包培训内容的审计报告，或专门针对服务外包培训内容的审计报告；

（六）培训机构颁发被培训人员专业知识和技能培训考核合格证书，以及被培训人员缴费凭证的复印件；

（七）每期项目的培训方案及课程安排；

（八）出具培训机构与企业签订的培训协议，以及为企业提供定制培训的材料；

（九）每期培训项目成本、收费标准等明细情况；

（十）经商务主管部门备案的培训机构的证明；

（十一）其他有关证明材料。

第九条　各省、自治区、直辖市、计划单列市财政、商务主管部门（以下简称省级财政、商务主管部门）可聘请中介机构独立出具包括服务外包培训内容和认证内容的专项审计报告。

第十条　发展资金采取网上和书面相结合的申请方式，并建立分级负责制，以保障资金安全。

第十一条　企业和培训机构应在“服务外包及软件出口信息管理系统”（www.fwwb.gov.cn）网站上向商务部和所在城市商务主管部门同时填报申请材料。企业和培训机构应指派专人申请，并指派企业相关负责人核定签字后，方可网络传输上报。同时，将电子材料汇总后编制申报情况汇总表及明细表，编制索引（即将申请的材料与明细表对应编制索引），并将填报的纸质材料与电子材料核对一致，企业相关负责人签字和加盖公章后报商务、财政主管部门。

第十二条　省级以下商务、财政主管部门审核。省级以下商务主管部门会同同级财政部门指派专人受理申请单位的电子和纸质材料，进行对照审核，形成审核记录，以电子和纸质两种方式上报省级商务和财政主管部门。

第十三条　省级商务、财政主管部门审定。省级商务主管部门会同同级财政部门对上传的电子材料与上报的纸质材料进行对照审定，形成审定记录，对最终通过的申请材料进行汇总，编制索引，编写审定情况总结，填写审定意见表后上报商务部、财政部。

第十四条　省级商务和财政主管部门上报商务部和财政部的材料包括《______年度服务外包企业录用人员汇总表》、《______年度服务外包人才培训资助汇总表》、《______年度服务外包企业国际认证资助汇总表》、《服务外包业务发展资金材料审定意见表》，以及申请服务外包平台资金支持的示范城市应提交的材料等。

第十五条　符合申报条件的企业的分支机构，由其具有独立法人资格的总公司向总公司所在地的商务和财政部门统一申请财政资金支持。

第十六条　财政部、商务部聘请中介机构对企业和培训机构上报的申请材料独立进行核查。

第十七条　根据核查结果，商务部会同财政部确定资金分配方案，并由财政部于年度内按照预算级次一次将支持资金拨付至各省级财政部门，由省级财政部门按照国库管理规定拨付至企业和培训机构。

第四章　跟踪问效

第十八条　企业和培训机构收到资金后，应在十个工作日内，登录“服务外包及软件出口信息管理系统”，填写资金到位时间及资金数额。各地财政、商务主管部门要切实加强财政资金的审核监督管理，确保资金足额及时到位。对申请企业报送的资金拨付申请与反馈信息要按《档案法》的规定将有关纸质材料妥善保管，以备核查。

第十九条　发展资金拨付后的六个月内，由地方商务主管部门会同财政部门聘请中介机构，对资金拨付、到位情况和使用情况、工作成效等进行财务审计和绩效评估。

第二十条　审计和绩效评估报告除地方商务部门留存外，须在 2014 年 2 月底前报商务部和财政部备案。

第二十一条　示范城市的资金申请、资金拨付及管理使用、审计及绩效评估情况等将纳入服务外包示范城市综合评价指标体系进行考核。

第二十二条　对骗取及违反规定使用发展资金的行为，依据《财政违法行为处罚处分条例》（国务院令第427号）进行处理。

第五章　附　则

第二十三条　本指南由财政部、商务部负责解释。

附录六：国务院办公厅关于进一步促进服务外包产业发展的复函

（国办函〔2013〕33号）

商务部、发展改革委、教育部、科技部、工业和信息化部、财政部、税务总局、知识产权局、外汇局：

你们关于进一步促进服务外包产业发展的请示收悉。经国务院批准，现函复如下：

一、延续并完善示范城市发展服务外包的政策措施。

（一）2013～2015年，中央财政继续安排示范城市各500万元资金，用于服务外包公共服务平台建设。资金支持范围增加示范城市建立服务外包信息安全及知识产权保护体系、国际市场品牌推广、开展产业研究等。

（二）将示范城市离岸服务外包业务免征营业税和技术先进型服务企业减按15%的税率征收企业所得税、职工教育经费不超过工资薪金总额8%的部分税前扣除两项政策延续至2018年底。

（三）中央财政继续对地方安排补助资金，对符合条件的企业、单位开展服务外包人才培训、资质认证等给予补助。各地方可结合本地实际情况，优化操作模式，简化申报程序，调整申报条件，确定支持重点和支持标准。要加强制度建设和绩效评估，确保资金使用安全有效。

（四）积极推动服务外包企业提高技术创新和集成服务水平，通过国家科技计划（专项）等引导和支持企业开展集成设计、综合解决方案及相关技术项目等研发。进一步放宽技术先进型服务企业认定条件，将离岸外包业务收入占企业总收入的比例由50%调整为35%，先在苏州工业园区试点，根据试点情况适时研究推广。

（五）完善服务外包中高端人才鼓励政策，科学界定中高端人才标准，对中高端人才培训加大补助力度。总结江苏、浙江两省高校服务外包人才培养试点经验，逐步在示范城市推广。建立包括高等学校、社会培训机构和企业基地等在内的社会化开放式服务外包人才培养体系，继续深化校企合作，重点支持一批办学规范、实力强、效果好的高等学校和社会培训机构。

二、加快国际营销网络建设。支持服务外包企业通过境外并购建立营销和交付网络，吸纳境外中端人才，符合条件的企业可申请对外经济技术合作专项资金支持和出口信贷优惠利率。进一步简化服务外包企业境外并购核准程序，提高工作便利化程度。加大国际市场开拓力度，打造中国服务外包产业整体形象，树立“中国外包”品牌。

三、促进服务外包离岸在岸协调发展。进一步研究在岸与离岸服务外包协调发展政策措施，支持有条件的服务外包企业承接国内服务项目。积极培育服务外包在岸市场，鼓励政府机构和各类企业创新管理运营理念，购买专业服务。

四、完善服务外包产业发展环境。加强服务外包信息安全法律法规体系建设，推动示范城市所在省（区、市）尽快研究出台服务外包知识产权和信息安全保护等方面的地方法规。开展服务外包信息安全认证评估，引导和支持企业建立内控机制。继续加强服务外包产业基础研究，出台相关行业标准。鼓励地方政府在员工住宿、物业租赁等方面对服务外包企业给予支持。

五、原则同意《中国服务外包示范城市综合评价办法》，由商务部会同相关部门组织实施，并在实践中不断完善。

六、商务部要会同相关部门进一步加强对地方发展服务外包产业的指导与服务，对相关政策措施落实情况进行督促检查，切实推动我国服务外包产业健康发展。

（发布日期：2013 年 2 月 5 日）

附录七：教育部 商务部关于创新服务外包人才培养机制、提升服务外包产业发展能力的意见

（教高〔2014〕2 号）

各省、自治区、直辖市教育厅（教委）、商务主管部门，新疆生产建设兵团教育

局、商务局，教育部直属有关高等学校，中国服务外包示范城市教育局、商务主管部门：

为深入贯彻党的十八届三中全会精神，落实《国家中长期教育改革和发展规划纲要（2010～2020年）》，创新高校、培训机构和有关企业服务外包人才培养机制，提高人才培养质量，为服务外包产业提供人才和智力支撑，促进服务外包产业健康发展，根据《国务院办公厅关于进一步促进服务外包产业发展的复函》（国办函〔2013〕33号）要求，现提出如下意见。

一、优化服务外包专业和人才结构。服务外包产业涉及信息技术外包服务、业务流程外包服务、知识流程外包服务等。高校要根据产业发展需要，积极创造条件，增设服务外包相关专业，或在现有计算机类专业等相关专业中开设服务外包方向。加快产业急需的应用型、复合型、创新型人才培养，地方所属高校的服务外包相关专业要以培养实践能力强的应用型人才为主；示范性软件学院要加强服务外包中高端人才培养；示范性软件职业技术学院要把服务外包实用技术技能人才培养作为重要任务。高校要根据服务外包产业的发展变化，建立人才培养结构动态调整机制。有条件的高校要与中国服务外包示范城市开展合作，组织开展订单培养或开设非学历研修班，建立面向市场的开放式教学体系。

二、完善服务外包人才相关标准。教育部组织制订并发布服务外包相关本科专业类教学质量国家标准和高职专业教学标准。商务部支持行业组织研究服务外包初、中、高级人才标准，支持服务外包企业结合标准和自身发展实际，构建国际化、梯队式的内部培训体系。有关高校、培训机构和服务外包企业依照标准进行人才培养培训，建立健全面向市场的开放式教学体系。引导社会机构依照标准进行评价，促进服务外包人才培养质量持续改进。

三、深化服务外包人才培养机制改革。高校要积极与服务外包企业合作，校企共同制订培养目标、共同开发课程体系和教学内容、共同实施培养过程、共同评价培养质量；加大对实践教学的投入，完善实习实训基地管理和运行机制；有计划地组织青年教师赴服务外包企业进行挂职锻炼，聘请实践经验丰富、综合素质好的服务外包企业专家担任兼职教师，提升教师队伍的工程实践能力；充分利用国家留学基金优秀本科生国际交流项目，加强服务外包国际化人才培养。服务外包企业要深度参与人才培养，通过共同实施“卓越工程师教育培养计划”、共建实践教育基地、共同完成科研项目和人才相互交流等，促进高校人才培养与企业需求紧密结合。支持高校和企业不断创新合作模式，重点支持企业录用合作项目中的大学毕业生。中国服务外包示范城市要积极推动校企合作，加强对校企联盟的政策支持，根据国际服务外包业务发展资金管理要求和本地区服务外包公共平台资金使用管理办法，建立健全公共信息服务平台和公共培训服务平台，为大学生和服务外包从业人员实习实训，加强能力建设等提供良好的条件和环境。

四、引导服务外包相关专业大学生创新创业。充分利用服务外包产业知识密集的特点，为大学生创新创业提供支持和服务。高校要把创业教育纳入人才培养方案，使学生掌握创业所需的基本知识，培养创业精神，锻炼创业能力。通过“大学生创新创业训练计划”，支持学生开展服务外包领域的创新创业实践。通过举办中国大学生服务外包创新创业大赛等，搭建大学生创新和创业能力展示平台，促进兼备外语和相关专业能力的复合型人才培养。鼓励服务外包企业向大学生提供创业指导。中国服务外包示范城市要结合本地实际，制定相关促进政策，帮助扶持大学生创办服务外包企业。

五、推动高校毕业生到服务外包企业就业。积极举办服务外包人才招聘活动，搭建服务外包企业和高校毕业生之间的交流和双选平台。组织中国服务外包示范城市和高校积极参与，鼓励服务外包重点联系企业根据岗位空缺和需求情况及时做好招聘工作。各地要及时发布服务外包企业招聘信息和接收实习实训信息，增加各类人才到服务外包企业的就业机会。高校要主动对接服务外包企业的人才需求，加强对毕业生的就业指导和宣传引导。

六、健全服务外包人才培养政策和组织保障。教育部、商务部共同成立服务外包人才培养工作组和专家组，协调相关政策，组织研究人才标准，宏观指导服务外包人才培养工作。加强政策扶持，对符合条件的服务外包企业，每录用1名大专以上学历员工从事服务外包工作并签订1年以上劳动合同的，给予企业不超过每人4500元的培训支持；对符合条件的培训机构培训的从事服务外包业务人才（大专以上学历），通过服务外包业务专业知识和技能培训考核，并与服务外包企业签订1年以上劳动合同的，给予培训机构每人不超过500元的培训支持。通过“高等学校本科教学质量与教学改革工程”项目，支持高校开展服务外包相关专业综合改革、建设校外实践教育基地、促进课程建设与开放共享。通过“卓越工程师教育培养计划”，支持服务外包相关专业的人才培养模式改革。

各地教育、商务部门要根据经济转型升级的要求，结合当地服务外包产业发展需要，按照上述意见出台具体办法，推动服务外包人才培养机制改革创新，提升服务外包人才培养能力，促进我国服务外包产业健康发展。

教育部　商务部
2014年5月4日

附录八：国务院关于促进服务外包产业加快发展的意见

（国发〔2014〕67号）

各省、自治区、直辖市人民政府，国务院各部委、各直属机构：

近年来，我国服务外包产业规模迅速扩大，结构不断优化，以中国服务外包示范城市为主体的产业聚集效应日益增强。坚持改革创新，面向全球市场，加快发展高技术、高附加值服务外包产业，促进大众创业、万众创新，推动从主要依靠低成本竞争向更多以智力投入取胜转变，对于推进结构调整，形成产业升级新支撑、外贸增长新亮点、现代服务业发展新引擎和扩大就业新渠道，具有重要意义。为促进我国服务外包产业加快发展，推动“中国服务”再上台阶、走向世界，现提出以下意见：

一、总体要求

（一）指导思想。以邓小平理论、“三个代表”重要思想、科学发展观为指导，全面贯彻落实党的十八大和十八届二中、三中、四中全会精神，认真落实党中央、国务院的决策部署，以拓展国际国内市场为导向，围绕培育竞争新优势和营造良好发展环境，坚持改革创新、突出重点、分步实施、示范集聚的原则，着力激发企业创新动力和市场活力，尽快将服务外包产业提高到一个新水平。

（二）发展目标。今后三年，培养一批中高端人才、复合型人才和国际型人才，培育一批具有国际先进水平的服务外包知名企业，建设一批主导产业突出、创新能力强、体制机制先行先试的服务外包产业集聚区；人才队伍规模和素质进一步提高，吸纳大学生就业的数量大幅增长；服务外包产业规模持续快速增长，国际服务外包业务规模年均增长25%以上；产业结构进一步优化，高技术含量、高附加值的服务外包业务占比不断提高；区域布局明显改善，特色鲜明、优势互补、协调有序的良性发展格局初步形成；服务外包企业的专业服务能力和水平显著提高，中国服务外包示范城市的辐射带动作用进一步增强；服务外包产业政策体系和服务保障体系进一步完善。

到2020年，服务外包产业国际国内市场协调发展，规模显著扩大，结构显著优化，企业国际竞争力显著提高，成为我国参与全球产业分工、提升产业价值链的重要途径。

二、培育竞争新优势

（三）明确产业发展导向。同步推进信息技术、业务流程和知识流程外包服务，着力发展高技术、高附加值服务外包业务，促进向产业价值链高端延伸。定期发布《服务外包产业重点发展领域指导目录》，加强对服务外包产业发展指导。积极拓展服务外包行业领域，大力发展软件和信息技术、设计、研发、互联网、医疗、工业、能源等领域服务外包；加快发展文化创意、教育、交通物流、健康护理、科技服务、批发零售、休闲娱乐等领域服务外包；积极发展金融服务外包业务，鼓励金融机构将非核心业务外包。

（四）实施国际市场多元化战略。适应全球服务业加速跨国转移新趋势，进一步扩大与有关国家和地区服务外包交流与合作。巩固和加强与发达国家合作，着力提高服务外包高端业务比重；积极开拓新兴市场，不断拓展新业务和营销网络；深化与周边国家合作，推动服务标准出口；密切与丝绸之路经济带和21世纪海上丝绸之路沿线国家和地区的联系，构建多元化市场新格局。

（五）优化国内市场布局。立足服务外包产业现有基础和发展趋势，深度挖掘国内服务外包市场潜力，构建以中国服务外包示范城市为主体，结构合理、各具特色、优势互补的产业发展格局。发挥长三角、珠三角、环渤海及京津冀等区域已形成的产业集聚优势，积极吸引国内外创新资源，搭建具有国际先进水平的服务外包产业平台，不断提升产业竞争力，率先达到国际先进水平，加快带动全国服务外包产业发展。发挥中西部地区的区位优势，进一步加强服务外包产业基础设施建设，将推动服务外包产业发展作为产业转型升级、构建内陆地区开放型经济新高地的重要突破口，有序承接东部地区和国际产业转移。发挥东北地区工业体系完整的优势，不断优化发展环境，加大市场开拓力度，为振兴东北老工业基地和资源型城市转型发展提供有力支撑。

（六）培育壮大市场主体。支持各类所有制企业从事服务外包业务，鼓励服务外包企业专业化、规模化、品牌化发展。推动服务外包企业提升研发创新水平，通过国家科技计划（专项、基金等）引导和支持企业开展集成设计、综合解决方案及相关技术项目等研发。鼓励服务外包企业加强商业模式和管理模式创新，积极发展承接长期合约形式的服务外包业务。培育一批创新能力强、集成服务水平高、具有国际竞争力的服务外包龙头企业。支持一批“专、精、特、新”的中小型服务外包企业。鼓励企业特别是工业企业打破“大而全”、“小而全”的一体化格局，购买非核心业务的专业服务。引导服务外包企业通过兼并重组，优化资金、技术、人才等资源要素配置，实现优势互补。政府部门要不断拓宽购买服务领域，将可外包业务委托给专业服务企业。

（七）加强人才队伍建设。充分利用国际国内两种资源，加强服务外包各类人才培养培训。采取引进和培养相结合的方式，加强中高端人才队伍建设。支持高校以人才需求为导向调整优化服务外包专业和人才结构，依照服务外包人才相关标准组织实施教学活动，进行课程体系设置改革试点，引导大学生创新创业。鼓励高校和企业创新合作模式，积极开展互动式人才培养，共建实践教育基地，加强高校教师与企业资深工程师的双向交流。全面提升从业人员能力和水平，支持符合条件的服务外包企业通过开展校企合作录用高校毕业生，建立和完善内部培训体系。

三、强化政策措施

（八）加强规划引导。全面客观评估服务外包产业“十二五”规划实施情况，研究制订《中国国际服务外包产业发展“十三五”规划》，明确提出“十三五”服务外包产业的重点领域、主要任务和保障措施等。科学谋划服务外包产业集聚区布局，尽快形成产业集聚，发挥引领带动作用。有关部门要将服务外包产业集聚区的教育资源，物联网、大数据、云计算和移动互联及新技术应用的基础设施，以及企业的技术、管理和商业模式创新项目等纳入“十三五”相关规划。

（九）深化国际交流合作。提升双边经贸合作质量，在现有机制框架下有序推进服务外包产业务实合作，营造有利于共同发展的国际环境。加大支持服务外包企业参加国际展会、项目洽谈等活动。结合实施“走出去”战略和对外援助，综合运用贸易、出口信贷、对外投资合作和对外援助等多种措施，支持有条件的服务外包企业“走出去”，开展研发外包、知识流程外包和业务流程外包等高附加值项目合作。鼓励企业和机构在国际市场购买技术含量高、业务模式新的高端服务，引进先进技术、先进经营方式和管理经验，加快推动国内服务外包产业转型升级。

（十）加大财政支持力度。完善现有财政资金政策，优化资金安排和使用方向，改进支持方式，加大对国际服务外包业务的支持，鼓励开展国际服务外包研发、人才培训、资质认证、公共服务等。充分发挥财政资金的杠杆引导作用，通过设立国际服务外包产业引导基金等市场化支持方式，引导社会资金加大对承接国际服务外包业务企业的投入，促进扩大服务出口。

（十一）完善税收政策。从区域和领域上扩大对技术先进型服务企业减按15%税率缴纳企业所得税和职工教育经费不超过工资薪金总额8%部分税前扣除的税收优惠政策实施范围。根据服务外包产业集聚区布局，统筹考虑东、中、西部城市，将中国服务外包示范城市数量从21个有序增加到31个。实行国际服务外包增值税零税率和免税政策。

（十二）加强金融服务。拓宽服务外包企业投融资渠道。鼓励金融机构按照风险可控、商业可持续原则，创新符合监管政策、适应服务外包产业特点的金融产品和服务，推动开展应收账款质押、专利及版权等知识产权质押。支持政策性金融机构在有关部门和监管机构的指导下依法合规创新发展，加大对服务外包企业开拓国际市场、开展境外并购等业务的支持力度，加强服务外包重点项目建设。鼓励保险机构创新保险产品，提升保险服务，扩大出口信用保险规模和覆盖面，提高承保和理赔效率。利用现有资金政策，引导融资担保机构加强对服务外包中小企业的融资担保服务。支持符合条件的服务外包企业进入中小企业板、创业板、中小企业股份转让系统融资。支持符合条件的服务外包企业通过发行企业债券、公司债券、非金融企业债务融资工具等方式扩大融资，实现融资渠道多元化。

（十三）提升便利化水平。深化境外投资审批制度改革，推进境外投资便利化，实行备案为主的管理方式，最大限度缩小核准范围，简化审批手续。进一步提升通关便利化水平，创新服务外包海关监管模式。创新服务外包检验检疫监管模式，对承接国际服务外包业务所需样机、样本、试剂等简化审批程序，实施分类管理，提供通关便利。加快落实外汇管理便利化措施，具备条件的服务外包企业可申请参与服务外包境外投资外汇管理改革试点，根据试点情况及时研究推广。鼓励在跨境贸易和投资中使用人民币结算。为从事国际服务外包业务的外籍中高端管理和技术人员提供出入境和居留便利。提高国际通信服务水平，支持基础电信运营商为服务外包企业网络接入和国际线路租赁提供便利。

四、健全服务保障

（十四）建设法治化营商环境。研究完善服务外包产业的法律体系，促进产业发展和规范经营行为。切实保障国家安全，对故意或者过失泄露国家秘密、危害国家安全等违法行为，要依法追究法律责任。加大服务外包领域版权、专利、商标等知识产权的执法监管力度。建立服务外包企业信用记录和信用评价体系，惩戒失信，打击欺诈，完善服务外包企业诚信体系建设。鼓励条件成熟的地方开展地方性立法，适时出台有关服务外包产业的地方性法规和政府规章。

（十五）提高公共服务水平。驻外使（领）馆要加大对服务外包企业境外开展合作的指导协调力度，主动加强与国内主管部门的沟通配合，及时提供有效信息和政策建议。发挥行业协会的作用，提高服务和促进水平，加强行业自律，研究制订服务和人才标准，树立“中国服务”品牌。充分利用现有服务外包交流合作平台，吸引跨国公司转移国际服务外包业务，鼓励研究机构、商协会、高校和企业开展多种形式的务实合作。加强对服务外包公共信息服务，及时发布国际国内市场动态和政策信息。

（十六）加强统计分析体系建设。科学界定服务外包产业内涵和外延，健全服务外包统计指标体系和统计制度。加强服务外包统计信息系统建设。强化统计监测功能，推动服务外包产业监测预警体系建设。建立健全有关部门服务外包信息共享机制。加强与国际组织、研究机构和行业协会的数据信息交流与合作，按月度发布服务外包统计数据。

各地区、各部门要充分认识促进服务外包产业加快发展的重大意义，加强组织领导，建立工作机制，强化部门协同和上下联动，切实将本意见的各项任务落到实处、取得实效。商务部要加强统筹协调，会同有关部门科学评估服务外包产业发展情况，对本意见落实情况进行跟踪分析和监督检查，每年向国务院报告一次落实情况，重要问题及时报告。

附件：

1. 重点任务分工及进度安排表。

2. 21 个中国服务外包示范城市。

国务院

2014 年 12 月 24 日

附件一：重点任务分工及进度安排表

序号	工作任务	负责单位	时间进度
1	定期发布《服务外包产业重点发展领域指导目录》	商务部牵头，财政部、海关总署参加	2015 年 1 月启动
2	积极发展金融服务外包业务，鼓励金融机构将非核心业务外包	人民银行牵头，商务部、银监会、证监会、保监会参加	持续实施
3	推动服务外包企业提升研发创新水平，通过国家科技计划（专项、基金等）引导和支持企业开展集成设计、综合解决方案及相关技术项目等研发	科技部	持续实施
4	政府部门要不断拓宽购买服务领域，将可外包业务委托给专业服务企业	财政部	持续实施
5	支持高校以人才需求为导向调整优化服务外包专业和人才结构，依照服务外包人才相关标准组织实施教学活动，进行课程体系设置改革试点，引导大学生创新创业。鼓励高校和企业创新合作模式，积极开展互动式人才培养，共建实践教育基地，加强高校教师与企业资深工程师的双向交流	教育部牵头，商务部参加	持续实施

续表

序号	工作任务	负责单位	时间进度
6	研究制订《中国国际服务外包产业发展“十三五”规划》。有关部门要将服务外包产业集聚区的教育资源，物联网、大数据、云计算和移动互联及新技术应用的基础设施，以及企业的技术、管理和商业模式创新项目等纳入“十三五”相关规划	商务部牵头，发展改革委、教育部、科技部、工业和信息化部参加	2015 年 1 月启动
7	加大支持服务外包企业参加国际展会、项目洽谈等活动	商务部牵头，财政部参加	持续实施
8	完善现有财政资金政策，优化资金安排和使用方向，改进支持方式，加大对国际服务外包业务的支持，鼓励开展国际服务外包研发、人才培训、资质认证、公共服务等。充分发挥财政资金的杠杆引导作用，通过设立国际服务外包产业引导基金等市场化支持方式，引导社会资金加大对承接国际服务外包业务企业的投入，促进扩大服务出口	财政部牵头，商务部参加	持续实施
9	从区域和领域上扩大对技术先进型服务企业减按 15% 税率缴纳企业所得税和职工教育经费不超过工资薪金总额 8% 部分税前扣除的税收优惠政策实施范围	财政部牵头，发展改革委、科技部、商务部、税务总局参加	持续实施
10	将中国服务外包示范城市数量从 21 个有序增加到 31 个	商务部牵头，发展改革委、教育部、科技部、工业和信息化部、财政部、人力资源社会保障部、税务总局、外汇局参加	2015 年 1 月启动
11	实行国际服务外包增值税零税率和免税政策	财政部牵头，商务部、税务总局参加	持续实施
12	鼓励金融机构按照风险可控、商业可持续原则，创新符合监管政策、适应服务外包产业特点的金融产品和服务，推动开展应收账款质押、专利及版权等知识产权质押	人民银行牵头，财政部、商务部、银监会参加	持续实施
13	支持政策性金融机构在有关部门和监管机构的指导下依法合规创新发展，加大对服务外包企业开拓国际市场、开展境外并购等业务的支持力度，加强服务外包重点项目建设	商务部牵头，财政部、人民银行、银监会参加	持续实施
14	鼓励保险机构创新保险产品，提升保险服务，扩大出口信用保险规模和覆盖面，提高承保和理赔效率	保监会牵头，财政部、商务部参加	持续实施
15	利用现有资金政策，引导融资担保机构加强对服务外包中小企业的融资担保服务	财政部牵头，工业和信息化部、商务部参加	持续实施

续表

序号	工作任务	负责单位	时间进度
16	支持符合条件的服务外包企业进入中小企业板、创业板、中小企业股份转让系统融资。支持符合条件的服务外包企业通过发行企业债券、公司债券、非金融企业债务融资工具等方式扩大融资，实现融资渠道多元化	证监会牵头，发展改革委、财政部、商务部、人民银行参加	持续实施
17	进一步提升通关便利化水平，创新服务外包海关监管模式	海关总署牵头，财政部、商务部参加	持续实施
18	创新服务外包检验检疫监管模式，对承接国际服务外包业务所需样机、样本、试剂等简化审批程序，实施分类管理，提供通关便利	质检总局牵头，商务部、海关总署参加	持续实施
19	加快落实外汇管理便利化措施，具备条件的服务外包企业可申请参与服务外包境外投资外汇管理改革试点，根据试点情况及时研究推广	外汇局牵头，商务部参加	持续实施
20	为从事国际服务外包业务的外籍中高端管理和技术人员提供出入境和居留便利	外交部、公安部牵头，人力资源社会保障部、商务部、质检总局参加	持续实施
21	提高国际通信服务水平，支持基础电信运营商为服务外包企业网络接入和国际线路租赁提供便利	工业和信息化部	持续实施
22	建立服务外包企业信用记录和信用评价体系，惩戒失信，打击欺诈，完善服务外包企业诚信体系建设	商务部牵头，人民银行、工商总局、外汇局参加	2015 年 1 月启动
23	科学界定服务外包产业内涵和外延，健全服务外包统计指标体系和统计制度	商务部、统计局牵头	2015 年 1 月启动
24	加强服务外包统计信息系统建设。强化统计监测功能，推动服务外包产业监测预警体系建设	商务部牵头，统计局参加	持续实施
25	建立健全有关部门服务外包信息共享机制	商务部牵头，教育部、人民银行、统计局、银监会、证监会、保监会、外汇局参加	2015 年 1 月启动

附件二：21 个中国服务外包示范城市

北京、天津、上海、重庆、大连、深圳、广州、武汉、哈尔滨、成都、南京、西安、济南、杭州、合肥、南昌、长沙、大庆、苏州、无锡、厦门。

附录九：国际代表城市服务外包政策梳理——2011

一、印度

（一）产业政策

1986 年，印度政府就推出了《计算机软件出口、软件发展的软件培训政策》，在该政策中明确指出印度软件产业发展战略目标，并对从事 IT 出口的企业给予诸多政策上的优惠政策。1998 年，来自政府、业界和学术界的有识之士组成了国家信息技术和软件特别工作组以及信息技术部，他们向总理提交了“信息技术行动报告”，里面涵盖了发展信息服务业的 108 条措施，目标是使印度软件出口到 2008 年达到 500 亿美元，成为世界上最大的软件生产和出口大国之一。

（二）基础建设

针对印度薄弱的基础设施建设，印度政府积极实施了“电信港”计划，投入巨资建成了由高宽带通信设备、数字交换与传输设备、跨国通信网络以及卫星地面站组成的网络系统，为国内软件企业和海外的研发机构提供了可靠的数据通信连接。

（三）税收优惠

为了提高印度服务外包企业的竞争力，印度政府对从事 IT 行业的企业实施了所得税的减免政策。在 1986 年颁布的政策中，印度政府推出了 5 年减免 5 年减半，再投资部分 3 年减免等一系列的措施。20 世纪 90 年代，该国政府又进一步提出了“零赋税”，政策规定在 2010 年以前，对从事软件及信息服务出口企业免征出口关税，对生产软件产品免征流转税。2000 年 3 月起，印度政府在全国批准设立 140 个经济特区，企业在 10 年期满后还可通过经济特区政策延续享受税收优惠。这些政策的执行在很大程度上形成了印度承接服务外包的成本优势。

1991 年印度税法规定，软件及信息服务出口企业 2010 年前免征所得税，免征出口关税，对生产软件产品免征流转税。2000 年 3 月起印度政府又在全国批准设立 140 个经济特区，10 年期满后，企业还可通过经济特区政策延续享受税收优惠。

（四）法制建设、知识产权保护

1994 年印度议会对 1957 年的版权法进行了彻底的修订，于 1995 年 5 月 10 日正式生效。该法向国际惯例和 WTO 的有关协议靠拢。2005 年，印度开始实施新的专利法，知识产权制度与国际体系全面接轨。在世纪末相继通过了《版权法》、《信息技术法》和《半导体集成电路设计法》。

（五）园区建设

1991 年，印度政府提出了“软件技术园区（STP）计划”，目前已在其国内设立十多个国家级软件技术园区。2000 年，印度把软件园建在了美国硅谷。这样做一方面方便了中小企业对美国的出口，另一方面也为印度企业建立与美国金融、投资、贸易机构间的沟通提供了方便。此外，软件园在税收方面还实施减免政策，如在进口关税、所得税、劳务税等税种上实行减免。而且，在外资引入方面，印度政府规定可设立外资独资企业，且合法利润可自由汇出。由此可以看出印度政府对外包企业采取了不干预的政策，最终有效支持了服务外包业的发展。

除了完善的政策支持和税收优惠，政府推动下的科技园建设和服务外包行业组织的成立也为印度发展服务外包提供了重要支撑。在科技园内设立的管理中心，能为企业提供包括快速审批、简化出口手续和低价出租基础设施与公共服务设施等一系列服务。园区内企业还能享受到进口关税、所得税、地方税等一系列税收减免政策。20 世纪 90 年代初，印度的第一个计算机软件技术园建立，经过十几年来的发展，该科技园已成为了世界第五大信息科技中心，被誉为“印度硅谷”。迄今，印度国内建成的大大小小的软件园共 20 多个，园内企业共 6000 多家，并涌现了如 TCS 咨询服务公司、ZARAPP 公司等在内的知名企业。

二、俄罗斯

（一）产业政策

2002 年，俄罗斯发布了《IT 产业及服务外包报告》，将信息通信产业作为 10 年内优先发展的领域，同时推出的还有“电子俄罗斯”联邦专项规划，规划中指出软件出口已成为俄罗斯信息产业的重要组成部分，为了进一步挖掘俄罗斯在信息技术方面的潜力，推动俄罗斯信息产业的发展，从 2002 年到 2010 年，俄罗斯中央和地方政府将从预算内外资金中拨出 770 亿卢布用于支持信息产业发展，同时该国还将以政府采购的形式促进国内信息技术企业的发展，拉动国内需求。

（二）税收优惠

尽管俄罗斯政府的规划雄心勃勃，但与此相关的财政和税收优惠等配套政策似乎还比较滞后。在该国现行的税收体制下，从事 IT 行业的企业往往面临着 18% 增值税加上 26% 统一社会税的双重税赋，即使是在经济特区之内，统一的社会税也高达 14%，这对于许多 IT 企业是难以承受的负担。虽然目前 IT 行业也可以享受增值税出口退税待遇，但由于软件及其 IT 服务型产品因自身的特点难以在数量上进行准确的计量，因此在出口退税方面难以登记和核实，对于许多 IT 企业来说，它们很难享受到这一鼓励出口政策的实质性实惠，因而在很大程度上影响了 IT 企业的经营利润。

关税全额免除；IT 出口无需交增值税；IT 器材进口无需交进口税。

（三）园区建设

位于新西伯利亚的科学城被人们形象地称之为俄罗斯的“硅森林”。该地区始建于赫鲁晓夫时代，曾经汇集了苏联顶尖的几十所研究院，并拥有 6500 多名科研人员。苏联的解体曾一度让该地区经济陷入低迷，但随着俄罗斯经济的复苏以及信息技术在世界范围内的兴起，这座沉淀已久的人才宝库焕发出了新的活力。许多曾经的物理学家、数学家、化学家等科技人才为了适应信息时代的需要，选择了与商业有关的编程、软件开发等实用技术领域，理论知识与应用技术的完美结合为俄罗斯向高端外包业务发展提供了能与印度相媲美的尖端复合型人才。与此同时，俄罗斯雄厚的科技实力也在源源不断地为软件外包市场输送“新鲜血液”。据调查，俄罗斯每年有大约 25 万受过 IT 专业高等教育的人才进入市场，同人口是它 5 倍的印度一样多。在这些毕业生中，88% 的人拥有 5 年教育的专科学位，66% 的人拥有 6 年教育的研究生学位。联合国教育、科学及文化组织（UNESCO）的调查报告中说俄罗斯的高校毕业生 50% 与科学专业相关，这个比例在软件出口国家中是最高的。随着 IBM、Intel 等世界著名的 IT 企业和大量中小型技术公司的进驻，俄罗斯的“硅森林”将在世界外包舞台上大放异彩。

（四）法制建设、知识产权保护

俄罗斯的政治经济体制脱胎于苏联的国有制，没有私人所有权的传统，受此影响，该国在知识产权的保护问题上也一直不尽如人意。在 A. T. Keamey 的评估中，俄罗斯排在倒数第二位，且仅比中国高 0.3 分。2007 年，俄罗斯与中国一道被列入美国贸易代表知识产权保护观察名单的优先监视对象中。俄罗斯现代知识产权保护体系的建立始于 90 年代。1991 年 12 月，俄联邦与亚美尼亚、塔吉克斯坦、哈萨克斯坦、乌克兰、白俄罗斯、摩尔多瓦等 7 国签署了知识产权保护的临时条约，1992 年 9 月俄联邦杜马通过了包括计算机软件与数据库保护法在内的 4 个知识产权保护法律法规，1993 年，该国通过继承苏联签订的多边知识产权保护条约，成为了伯尔尼公约、马德里协定、世界版权公约、巴黎公约的成员国。

三、巴西

（一）产业政策

2004 年，巴西政府科技部提出将软件与软件服务作为优先发展的战略领域之一，并承诺自2006年起，全国每年培养的博士生要达到1万人。2005年，巴西政府与软件生产私营行业签订了鼓励软件生产协议，协议中以增加中小软件生产企业的生产和出口竞争力为目标，通过实施市场调研、组建贸易委员会、组织博览会和行业展览会、推动跨国公司向该行业投资和融资等一体化计划促进本国软件的出口。2008年，该国的工业与外贸发展部颁布了《促进IT产业发展政策》，具体措施包括加强IT行业基础设施建设、扩大IT产品产业链等，目标是将IT-BPO出口由220亿美元提高到2010年的350亿美元，同时在IT行业创造10万个就业岗位。

国家科技发展《战略计划》主要涉及领域之一是软件与软件服务。

2004年科技部又扩大4项新的优先发展战略领域，即软件、制药与药品、半导体与微电子、机械设备与交通工具。这4项战略领域将与生物技术、纳米技术及生物制药这些具有发展前景的领域并驾齐驱。

巴西信息和通信技术协会（BRASSCOM）是产业的重要推动力量。

2005年，巴西政府与软件生产私营行业签署鼓励软件生产协议。根据该协议，在IT行业实施软件出口服务一体化计划，计划以增加中小软件生产企业生产和出口竞争力为目标。主要行动包括进行市场调研、组建贸易委员会、组织博览会和行业展览会、推动跨国公司向该行业投资和融资，软件出口目标市场确定为美国、德国、日本、中国、西班牙、法国、墨西哥、阿根廷以及沙特阿拉伯、俄罗斯、智利和安哥拉等。

（二）税收优惠

与此同时，巴西政府还制定了《信息产业法》为从事信息产业的企业提供税收优惠。《产业法》中规定，凡是用于科技创新的投资达到当年产值5%的企业，可减免50%所得税并免缴工业产品税，而信息处理机器用的软件CD或DVD母片出口可减免商品流通服务税（ICMs）。

其他如《私人企业投资科技税收鼓励法》、《政府高技术含量产品采购法》等，既保证了政府对科技的投入，也鼓励了私人企业投资科技事业。

阿根廷、巴西、乌拉圭和巴拉圭南方共同体成员从2006年1月1日起免征部分资本产品和软件产品等的工业产品税。

巴西制定并实施了新生产发展政策（New Productive Development Policy，PDP），IT企业将享受10%与雇用劳动力有关的税收减免。中央和地方政府将给予设备和基础设施领域的税费减免，税费激励政策加上其他的激励政策，使得巴西成为很富吸引力的服务外包基地。

（三）法制建设、知识产权保护

20世纪70年代以后，巴西政府相继出台了《工业产权法》（1971年）（包括商标和专利)、《信息产业法》(1984 年)、《著作权法》(1998 年)、《计算机程序著作权保护法》(1998 年)、《生物安全法》(1995 年)、《种子法》(1997 年)等法律法规，保护和激励知识创新。1996 年巴西引进新的工业产权制度，同时修改了《工业产权法》，新法于 1997 年 5 月 15 日生效。

作为拉美地区最大的服务外包接包国，巴西历届政府均非常重视知识产权的法律制度建设。早在 20 世纪 70 年代，巴西就通过了《工业产权法典》，对商标和专利保护做出了法律上的规定。1987 年，巴西国民议会又通过了《计算机软件保护法》，成为世界上第一个动用专门的法律法规来保护计算机软件的国家，目前用版权法来保护计算机软件已成为国际上的主要倾向。1994 年 4 月 1 日，巴西签署了关贸总协定乌拉圭回合谈判中与贸易有关的知识产权协议，成为世界知识产权组织的成员国，同时也成为了华盛顿专利合作条约和保护知识产权巴黎公约的成员国。1996 年，该国对原有的工业产权法进行了修改，并对泄露商业秘密做了特别的规定，规定中认为对于泄露已获得专利的商业秘密也可以追究刑事责任，同时处以 3 个月到 1 年的有期徒刑或者罚款。该规定比世界贸易组织与贸易有关的知识产权协议中的规定更为严格。尽管在巴西也存在着不少盗版现象，但该国知识产权的保护水平总体来说还比较让人满意。在上述 A. T. Keamey 所做的调查中，巴西的知识产权保护水平得分排名第二，仅次于智利。

(四) 人才培养

为了实施科技发展《战略计划》，巴西科技部确定加大人力资源投入。国家科技发展理事会制定了各项奖学金计划。联邦政府承诺，自 2006 年起，全国每年培养的博士生要达到 1 万人。近几年每年培养博士生 6000 人。

(五) 园区建设

巴西软件企业主要分布在圣保罗、坎皮纳斯河、里约热内卢，以及东北部的利沙福，并以中小型软件企业作为发展的主要特色。根据巴西科技部的统计，2001 年，巴西拥有的约 400 家软件企业中，87.8% 为中小型企业，而人员在 50 人以下的小型、微型企业占据总数 64.1% 的比例。如今，巴西一共拥有 5800 个软件企业，中小企业仍占据大部分份额。但是软件企业质量管理水平普遍较高，通过 ISO9001/2 认证的企业超过 35%，约 20% 的软件企业达到 CMM2 级以上水平。

四、菲律宾

(一) 产业政策

菲律宾政府“投资优先计划”，将软件与信息服务外包纳入优先发展产业领域。

（二）税收优惠

外国公司在菲律宾经济特区开展业务，可享受4至8年的免税期，即使免税过后仍然可以继续持有优惠待遇，如只交5%的营业税，外国公司进口特殊材料和设备时可减免税费、免缴码头使用费、使用托运设备、雇用外籍职员等。

（三）法制建设、知识产权保护

菲律宾政府为建立较完善的知识产权保护法律体系及信息保密制度，制定《数据安全和隐私法》。

（四）人才培训

菲律宾政府为了增强本地人才的竞争力，专门拨款5亿比索（相当于1000万美元）设立面向服务外包企业的“应用型人才培训基金”，为达不到公司录用标准的求职者发放培训券，免费提供各种技能培训，还承诺将经过培训就业的人员所新增的个人所得税再用于补充培训基金。

五、马来西亚

（一）园区建设

早在20世纪90年代中期，马来西亚就投巨资，兴建多媒体超级走廊（Multimedia Super Corridor，MSC），现今，多媒体超级走廊已经逐渐成为地区性的外包中心，尤其是信息技术产业的外包，吸引了包括日本电话电报、富士通、三菱、美国电信、北美电讯、西门子、住友、声宝、诺基亚、西门子多媒体、摩托罗拉多媒体、阿尔卡特网络、朗讯技术、壳牌国际信息技术、IBM、INTEL、微软和康柏多媒体等国际大公司入驻。2004年7月，马来西亚开始第二阶段的多媒体超级走廊建设。据估计，自1996年多媒体超级走廊建立以来，已经吸引了数千家的IT公司的超过17亿美元的软件业投资，有超过400家外国公司获得“多媒体超级走廊地位”，并享受各种特殊优惠待遇。国际数据公司（IDC）的市场研究表明，从2004~2008年，由马来西亚公司承接的外包总额将以每年27.2%的速度增长，预计到2008年，ITO外包市场总量将达到3.5亿美元。

（二）税收优惠

投资税返还最高达100%。企业税从27%降低到25%。

（三）制度建设、知识产权保护

制定、修改、完善知识产权保护法、信息安全法。

六、爱尔兰

（一）产业政策

1981年爱尔兰政府制定和实施了“国际服务业鼓励计划”；爱尔兰于1991

年成立了“国家软件发展指导委员会”，制订科技发展计划，设立专项研究基金。

（二）税收优惠

爱尔兰经欧盟同意作为后起国家，仅实行 12.5% 的企业所得税，增值税为零，在加工过程中进口货物免征关税，对研发活动提供 20% 的税收信用金，并与 44 个国家有税收协定，因而长期以低税率吸引外资，素有“欧洲低税港”之称。

对 1998 年 7 月 31 日前在当地注册的制造业公司，在 2010 年前最高只征收 10% 公司所得税，2011 年提高至 12.5%；对 1998 年 7 月 31 日前在当地注册的国际服务企业（如金融、批发、咨询），在 2005 年前最高只征收 10% 公司所得税，2006 年提高至 12.5%；对工厂、建筑和设备给予折旧补贴，不扣赋税；在爱尔兰获得专利并开发的产品免征所得税；公司利润可以自由汇出爱尔兰；在自由贸易区内注册的公司进口物品（包括主要设备）免征增值税；从非欧盟国家进口的用于储存、处理和加工的物品免征关税；出口到非欧盟国家的物品免征关税；对进入自由贸易区的物品处理没有时间限制；对从非欧盟国家进口的民用飞机配件免征关税。

（三）法制建设、知识产权保护

1997 年发布《信息自由法》，2003 年进行了修订。

1988 年及 2003 年的《数据保护法》为处理个人数据时所必须依从的保护原则提供了法律框架。

《2000 年版权及相关权利法案》大幅度修订了爱尔兰版权及相关权利的立法，而且首次把道德权利、表演者权利、租赁及出租权利、数据库权利列入爱尔兰法律，使其版权法可和其他欧盟国家比拟。爱尔兰立法还明确将计算机软件作为文学作品来保护其版权。

《2001 年工业设计法案》大幅修订了爱尔兰有关工业设计保护的法律，使其与欧洲设计法律接轨。

2002 年通过《通信管理法》。

（四）园区建设

爱尔兰香侬开发区始建于 1959 年，是全球最早的经济开发区，并先后设立了世界上第一个免税工业区和第一个自由贸易区。该开发区以大量吸引外资为主要手段，使一个过去经济相对落后的区域得到整体发展，且发展速度大大高于全国平均水平。香侬开发区现有本土公司 610 多家，国外公司 120 多家，英特尔、GE、汉莎技术、赛门铁克、戴比尔斯等 10 余家全球 500 强企业或知名公司均在区内投资设立大规模研发、服务企业，所涉行业包括航空业、信息通讯技术、计算机软件和电子产品、国际服务、工程配送、化学及制药等。香侬开发区在吸引外国高科技研发及服务外包企业上取得的成功，使该区不仅成为全球最重要的服务外包基地之一，也成为爱尔兰最大的外商直接投资聚集地。

爱尔兰政府向香依开发公司投入资金，由该公司以100年至130年长期租赁方式，向政府支付较低租金取得建设用地，然后低价转租给开发区企业，保证了开发区地价既平稳又颇具竞争力。

七、埃及

（一）产业政策

埃及政府制定《埃及IICT产业发展战略2007～2010》（Egypt's IICT Strategy 2007～2010），其中重要一条是大力发展出口导向的IT服务产业。

（二）税收优惠

1997年开始，计算机程序、系统的制造、程序设计和电子产品生产是25个《投资保护鼓励法》的重要组成部分。这些领域享受十年免税，不进行外汇管制，自由汇入汇出，可以保留现汇，不强制结汇。同时企业可以享受到所得税及其他税收优惠，部分城市免土地租金，新员工招聘培训补贴。

（三）法制建设、知识产权保护

积极推动网络犯罪、知识产权和电子签名等相关立法工作。

（四）园区建设

完善基础设施，制订"Smart Village"建设计划，建立Damietta新技术园区、Maadi呼叫中心园区，确保低成本高效率的服务宽带连接，开展国内外推介活动（埃及国家外包品牌的宣传和推广）。

八、墨西哥

（一）产业政策

政府通过PROSOFT（Program for the Development of the Software Industry）项目来推动近岸外包产业。México IT是墨西哥的一个国家产业推动机构，主要推动该产业的出口和投资。

（二）税收优惠

出口退税制度。国外公司在墨西哥建立软件与信息服务外包企业，能够得到最多达50%的项目投资返还，最高达30%研发投资返还。各地政府还出台工资和遗产税减免，优先购买或租赁土地等进一步的优惠政策。到2008年9月，共有69个项目获得共计2000万美元的支持。

（三）法制建设、知识产权保护

《电子签名法》、《数据保护法》及《知识产权保护法》等，法律框架与美国基本一致。

九、罗马尼亚

（一）产业政策

企业投资超过4000万美元，新增300个就业岗位，可以获得国家最高50%的投资返还，或最高不超过3550万美元的投资返还。资助最多20%的员工培训。

（二）法制建设、知识产权保护

2001年发布《关于个人数据处理和这些数据自由流通的个人保护法》，2003年进行了修订，2004年通过《个人数据处理和电子通讯部门隐私保护法》。

参考文献

[1] http://finance.eastday.com/economic/m1/20120530/u1a6591309.html.

[2] http://chinasourcing.mofcom.gov.cn/.

[3] http://finance.sina.com.cn/roll/20120926/144513247031.shtml.

[4] Williamson O. E. Markets and Hierarchies: Analysis and Antitrust Implications [M]. New York: Free Press, 1975.

[5] Marcus Neureiter, Peter Nunnenkamp. Outsourcing Motives, Location Choice and Labour Market Implications: An Empirical Analysis for European Countries? [M]. Blackwell Publishing Ltd., 2010.

[6] WTO. Market Access: Unfinished Business (Special Studies 6), 2001.

[7] Aly K. Abu - Akeel. Definition of Trade in Services under the GATS: Legal Implications [J]. The Gorge Washington Journal of International Law and Economics, 1999, 32 (2).

[8] Bernord Hoekman. Rules of Origin for Goods and Services - Conceptual Issues and Economic Considerations [J]. Journal of World Trade, 1993 (81).

[9] Justin Kent Holcombe. Backlash to Globalization in the Form of State Legislation: Constitutional Implications [J]. University of Pennsylvania Journal of Labor and Employment Law, 2005 (12).

[10] OECD. Electronic Commerce - Existing GATS Commitments for Online Supply of Services [R]. Paris: Trade Directorate (Trade Committee of the OECD), Report Number TD/TC/WP (99) 37/Final, 2000.

[11] WTO Secretariat. Scheduling of Initial Commitments in Trade in Service: Explanatory Note, MTN. GNS/W/164& Add. 1.

[12] Aaditya Mattoo, Sacha Wunsch - Vincent. Pre - Empting Protectionism in Services: The GATS and Outsourcing [J]. Journal of International Economic Law, 2010, 7 (4).

[13] Ulset S. R&D Outsourcing and Contractual Governance: An Empirical Study of Commercial R&D Projects [J]. Foundation Journal of Economic Behavior & Organisation, 1996, 30 (1).

[14] Lai E. L., et al. Outsourcing of Innovation. United Nations Conference on Trade and Development. Globalization of R&D and Developing Countries (UNCTAD/ITE/11A/2005/6) [EB/OL]. http: unctad. Org/en/docs/iteiia20056overview_ en. Pdf, 2007 - 11 - 14.

[15] UNCTAD. Globalization of R&D and Developing Countries: Preface & Overview [M]. United Nations, New York and Geneva, 2006.

[16] Ghelfi D. The "Outsourcing Offshore" Conundrum: An Intellectual Property Perspective [EB/OL]. http: //www. wipo. int/export/sites/www/sme/en/documents/pdf/outsoureing. pdf, 2007 - 09 - 20.

[17] Rubin H. Supply - Side/Manufacturing Outsourcing Stategies and Negotiations [J]. Georgetown Journal of International Law, 2007, 38 (3).

[18] Baldia S. Intellectua Property in Global Sourcing: The Art of the Transfer [J]. Georgetown Joumal of International Law, 2007, 38 (3).

[19] Gandhi J., Eschbacher G. Identification and Classification of Outsourcing Risks for Complex Systems——A Useful Input for Implementation in Outsourcing Models [R]. Working Paper, http: //cser. lboro. ae. uk/CSER08/pdfs/Paper%20132. pdf, 2008.

[20] Sullivan L. The Word: Outsourcing Overseas [J]. Risk Management, 2004 (51).

[21] Barthélemy J., Quélin B. V. Complexity of Outsourcing Contracts and Expost Transaction Costs: An Empirical Investigation [J]. Journal of Management Studies, 2006, 43 (8).

[22] Osterberg E. C. A Primer on IP Risk Management and Insurance [J]. The Licensing Journal, 2003 (11).

[23] India Copyright Act [EB/OL]. http: //copyright. gov. in/CprAct. pdf.

[24] Larry R., et. al. Trade Secret Law and Protection in India [J]. Intellectual Property & Technology Law Journal, 2008, 20 (10).

[25] Gandhi S. K. E - Commerce and Information Technology Act, 2000 [J]. Vidyasagar University Journal of Commerce, 2006, 11 (3).

[26] Meehan M. J. Outsourcing Information Technology to India: Explaining Patterns of Foreign Direet Investment and Contracting in the Software Industry [J]. Brigham Young University International Law & Management Review, 2006 (3).

[27] Bernard Hoekman. Rules of Origin for Goods and Services – Conceptual Issues and Economic Considerations [J]. The World Trade, 1993.

[28] Aaditya Mattoo. National Treatment in the Gats: Corner – Stone or Pandora's Box [J]. Journal of World Trade, 1997. 31 (1).

[29] Harris A., Giunipero L. C., Hult G. T. M. Impact of Organizational and Contract Flexibility on Outsoureing Contraets [J]. Industrial Marketing Management, 1998, 27 (5).

[30] R. E. Caves. Multinational Enterprise and Economic Analysis [M]. Cambridge University Press, Cambridge, 1982.

[31] H. G. Johnson. Comparative Cost and Commercial Policy Theory for a Developing World Economy [M]. Wicksell Lectuers, Stockholm: Almqvist & Wicksell, 1968.

[32] R. Vernon. International Investment and International Trade in the Product Cycle [J]. Quarterly Journal of Economics, 1966 (80).

[33] K. Kojima. Direct Foreign Investment [M]. New York, Praeger, 1978.

[34] Robert D. Pearce. Decentralised R&D and Strategic Competitiveness, Globalised Approached to Generation and Use of Technology in Multinational Enterprise [J]. Research Policy, 1999 (28).

[35] J. H. Dunningd. Globalization Technological Change and the Spatial Organization of Economic Activity. In Alfred D. Chandler. Peter Hagstrom and Orjan Solvell Ed: The Dynamic Firm [M]. New York, NY: Oxford University Press, 1998.

[36] Kuemmerle W. Budlding Effective R&D Capabilities Abroad [J]. Harvard Businiss Review, 1997 (3/4).

[37] Robert D. Pearce. The Internationalization of Research and Development by Multinational Enterprises [M]. New York, NY: St. Martin's Press, 1989.

[38] Cheng J., Bolon D. The Management of Multinational R&D: A Neglected Topic in International Business Research [J]. Journal of International Business Studies, 1993 (24).

[39] Ove Granstrand. Internationalization of Corporate R&D: A Study of Japanese and Swedish Corporations [J]. Research Policy, 1999 (28).

[40] Manuel G., Serapio Jr., Donald H. Dalton. Globalization of Industrial R&D: An Examination of Foreign Direct Investment in R&D in the United States [J]. Research Policy, 1999 (28).

[41] Amy Jocelyn Class, Kamal Saggi. Innovation and Wage Effects of Interna-

tional Outsourcing [J]. European Economic Review, 2001 (45).

[42] Christina Costa. Information Technology Outsourcing in Australia: A Literature Review [J]. Information Management & Computer Security, 2001, 9 (5).

[43] Anthony Di Romualdo, Vijay Gurbaxani. Strategic Intent for IT Outsourcing [J]. Sloan Management Review, Summer, 1998.

[44] Cheon M., Grover V., Teng J. T. Theoretical Perspectives on the Outsourcing of Information System [J]. Journal of Information Technology, 1995 (10).

[45] Loh Lawrence, Venkatraman. Determinants of Information Technology Outsourcing: A Cross - Sectional Analysis [J]. Journal of Management Information Systems, 1992, 9 (1).

[46] Rahul Sen, Mshahidul Islam. Southeast Asia in the Global Wave of Outsouring: Trends, Opportunities, and Challenges [J]. Regional Outlook, 2005/2006.

[47] Gilley, Rasheed A. Making More by Doing Less: An Analysis of Outsourcing and Its Effects on Firm Performance [J]. Journal of Management, 2000, 26 (4).

[48] Jagdish Bhagwati, Arvind Panagariya, T. N. Srinivasan. The Muddles over Outsourcing [J]. The Journal of Economic Perspectives, 2004, 18 (4).

[49] Shapiro D. L., Sheppard B. H., Cheraskin L. Business on a Handshake [J]. Negotiation Journal, 1992, 8 (4).

[50] Deborahl Swenson. Outsourcing Price Decisions: Evidence from U. S. [M]. Cambridge, MA: National Bureau of Economic Research, 2005.

[51] Markus Diehl. The Impact of International Outsourcing on the Skill Structure of Employment: Empirical Evidence from German Manufacturing Industries [R]. Kiel Working Papers, 1999.

[52] 刘伊玲．“外包”决定产业张力——国务院研究室副主任江小涓谈服务业发展新趋势 [J]. 中国经济信息, 2005 (13).

[53] 江小涓．中西部地区的经济发展与吸引外资：政策取向及其实效分析 [J]. 当代经济科学, 2002 (1)。

[54] 薛荣久．对我国中西部地区利用外资状况的初步分析与建议 [J]. 国际贸易问题, 1997 (8).

[55] 赵晋平．关于我国中西部地区利用外资政策的几点思考 [J]. 国际贸易问题, 1997 (8).

[56] 吴群刚, 胡鞍钢．探寻利用外资加快西部开发的有效途径 [J]. 清华大学学报（哲学社会科学版）, 2000 (4).

[57] 王洛林，魏后凯．我国西部开发的战略思路及发展前景［J］．中国工业经济，2001（3）．

[58] 张磊，徐琳．服务外包（BPO）的兴起及其在中国的发展［J］．世界经济研究，2006（5）．

[59] 阿瑟·刘易斯．国际经济秩序的演变［M］．北京：商务印书馆，1984.

[60] 吕政．国际产业转移与中国制造业发展［M］．北京：经济科学出版社，2006.

[61] 原小能．国际产业转移的基本规律及趋势分析［J］．上海经济研究，2004（2）．

[62] Richard J. Newman. 外包：企业离岸外迁的新趋势［J］．鲁洁译．美国新闻与世界报道，2006（1）．

[63] 裴长洪．吸引外商直接投资与产业结构优化升级——“十一五”时期利用外资政策目标的思考［J］．中国工业经济，2006（1）．

[64] 詹晓宁，邢后媛．服务外包：发展趋势与承接战略［J］．国际经济合作，2005（4）．

[65] 戴永红．印度软件企业外包发展模式及其对中国的启示［J］．南亚研究，2004（2）．

[66] 李志强，李子慧．当前全球服务外包的发展趋势与对策［J］．国际经济合作，2004（11）．

[67] 江凌等．中印软件外包业务比较研究［J］．经济师，2006（2）．

[68] 陈菲．服务外包机制分析及发展趋势预测［J］．中国工业经济，2005（6）．

[69] 赵楠．中国服务业吸引国际直接投资的现状与对策：基于1998～2003年经验数据的分析［J］．经济经纬，2006（5）．

[70] 杨圣明．加快发展我国服务外包产业［J］．时代经贸，2008（8）．

[71] 江小涓．服务外包：合约形态变革及其理论蕴意——人力资本市场配置与劳务活动企业配置的统一［J］．经济研究，2008（7）．

[72] 姜春荣．国际服务外包浪潮：理论、实证与中国战略研究［J］．北京：对外经济贸易大学出版社，2009.

[73] 王春．IT外包理论的国内外研究述评［J］．科技管理研究，2008（5）．

[74] 刘丁有，张妍．服务外包机理的理论分析综述及其实践指导意义［J］．改革与发展，2010（2）．

[75] 刘庆林，刘小伟．国外服务业外包理论研究综述［J］．山东社会科学，

2008（6）.

［76］江小涓等．服务全球化与服务外包：现状、趋势及理论分析［M］．北京：人民出版社，2008.

［77］大卫·李嘉图．政治经济学及赋税原理［M］．北京：商务印书馆，1976.

［78］陈菲．服务外包与服务业发展［M］．北京：经济科学出版社，2009.

［79］崔健等．跨国公司服务外包文献综述及最新进展［J］．科技管理研究，2010（2）.

［80］张芬霞，刘景江．“离岸外包”发展述评［J］．经济问题，2005（8）.

［81］冯雷鸣等．国外服务外包理论研究简述［J］．经济师，2010（1）.

［82］赵鸿．国际服务外包：运行机制与效应研究［D］．上海社会科学院博士学位论文，2011.

［83］裴长洪．论中国进入利用外资新阶段——“十一五”时期利用外资的战略思考［J］．中国工业经济，2005（1）.

［84］联合国贸发会议．1999 年世界投资报告：外国直接投资与发展的挑战［M］．北京：中国财政经济出版社，2000.

［85］裴长洪．中国服务业发展报告 No. 4：中国服务业的对外开放与发展［M］．北京：社会科学文献出版社，2005.

［86］联合国贸发会议．2004 年世界投资报告［M］．北京：中国财政经济出版社，2005.

［87］王志乐．2005 跨国公司在中国报告［M］．北京：中国经济出版社，2005.

［88］殷风．开放服务经济与中国的实践［M］．北京：经济管理出版社，2010.

［89］联合国贸发会议网站，http：//www. unctad. org，2009 - 05 - 25.

［90］中国外包网，http：//www. macase. cn，2010 - 06 - 26.

［91］郑雄伟．2011 全球服务外包发展报告［EB/OL］. http：//cn. chinagate. cn/indepths/waibao/2011 - 05/23/.

［92］杨圣明．关于服务外包问题［J］．中国社会科学院研究生院学报，2006（6）.

［93］薛荣久，张汉林．国际服务贸易［M］．北京：中国大百科全书出版社，1995.

［94］王贵国．世界贸易组织法［M］．北京：法律出版社，2003.

［95］B. 霍克曼．评服务贸易总协定［R］．世界银行论文集第 307 号．

[96] 张瑞萍.《服务贸易总协定》基本原则评析 [J]. 当代法学，1998 (3).

[97] 王传丽. 国际经济法 [M]. 北京：高等教育出版社，2005.

[98] 房东. WTO《服务贸易总协定》法律约束力研究 [M]. 北京：北京大学出版社，2006.

[99] 世界贸易组织秘书处. 电子商务与 WTO 的作用：贸易、金融和金融危机、金融服务自由化和《服务贸易总协定》[M]. 对外贸易经济合作部世界贸易组织司译. 北京：法律出版社，2002.

[100] 石静霞，陈卫东. WTO 国际服务贸易成案研究（1996 - 2005）[M]. 北京：北京大学出版社，2005.

[101] 郑鸿飞，任荣明. 离岸服务外包及中国对策 [J]. 上海管理科学，2005 (2).

[102] 阿利·阿布艾克尔. 服务贸易总协定下服务贸易的定义、法律意义 [J]. 华盛顿国际法与经济学期刊，1999 (6).

[103] 石静霞. WTO 服务贸易法专论 [M]. 北京：法律出版社，2006.

[104] 吴维俊. 服务原产地规则研究 [D]. 西南政法大学硕士学位论文，2004.

[105] 厉力. 论服务贸易中服务原产地的确定问题 [J]. 世界贸易组织动态与研究，2008 (5).

[106] 余劲松. 中国涉外经济法律问题新探 [M]. 武汉：武汉大学出版社，1999.

[107] 邓晓雄. WTO 基本原则在国际服务贸易中的运用及我国的服务贸易立法与实践 [EB/OL]. http://www.Lab - lib.com/lw/lw view.asp? No = 1691，2007 - 12 - 14.

[108] 王毅. WTO 国民待遇的法律规则及其在中国的适用 [M]. 北京：人民法院出版社，2005.

[109] 沈玉良，王伟. 离岸服务对 GATS 服务分类的要求及开放 [J]. 世界贸易组织动态与研究，2007 (9).

[110] 龚柏华. 论中国承接金融服务离岸外包相关法律问题 [J]. 上海财经大学学报（哲学社会科学版），2007 (1).

[111] 李颖. 金融服务外包的法律问题研究 [D]. 大连海事大学硕士学位论文，2008.

[112] 胡水晶. 承接研发离岸外包中知识产权风险研究 [D]. 华中科技大学博士学位论文，2010.

［113］黄智新．印度竞争力领先中国11位［N］．中国贸易报，2006－10－12．

［114］肖漩．服务业离岸外包的法律问题研究［D］．对外经济贸易大学硕士学位论文，2006．

［115］吴志强．软件外包的知识产权研究［J］．科技与法律，2006（2）．

［116］杨海．中国服务外包知识产权风险和适用法律研究［J］．现代管理科学，2010（5）．

［117］唐鹏琪．印度在知识产权保护方面的成效、问题和启示［J］．南亚研究季刊，2002（3）．

［118］中国知识产权局．发展中的印度知识产权保护体系［EB/OL］．http：//www.sipo.gov.cn/sipo2008/dtxx/gw/2007/200804/t20080401_353414.html，2008．

［119］王海峰．印度医药走向创新［N］．医药经济报，2007－05－30．

［120］朱羽舒．印度CRO订单做不完［N］．医药经济报，2007－10－10．

［121］孟长康．印度成长为信息产业大国的启示［J］．管理现代化，2001（5）．

［122］韩龙．世贸组织与金融服务贸易［M］．北京：人民法院出版社，2003．

［123］王铁山等．金融服务外包的风险及其监管对策［J］．国际经济合作，2007（5）．

［124］张成虎等．金融机构信息技术外包的风险控制策略［J］．当代经济科学，2003（2）．

［125］巴塞尔银行监管委员会，国际证监会组织，国际保险监督官协会，国际清算银行联合论坛．金融服务外包［J］．魏欣，李文龙翻译．中国金融，2005（13）．

［126］吴国新．金融服务外包提供商选择与风险管理研究［D］．东华大学博士学位论文，2010．

［127］曾丽凌．离岸外包几个法律问题研究［J］．对外经贸实务，2006（3）．

［128］丁祎．论国际金融服务离岸外包的法律规制——以美国与印度模式为视角［D］．复旦大学硕士学位论文，2009．

［129］代明．透视核心竞争力［J］．企业经济，2004（9）．

［130］刘倩．金融服务外包及其风险研究［D］．东北财经大学硕士学位论文，2007．

［131］郭玉军，胡秀娟．欧洲银行监管委员会《外包标准》（建议稿）介评——兼论我国金融外包监管法之完善［J］．河北法学，2007（8）．

[132] 唐柳，廖海波．SCP 框架下我国金融服务外包产业组织研究 [J]．经济管理，2008 (21)．

[133] 陆小斌．国外规范金融外包情况简介 [EB/OL]．www. financialnews. com，2005-02-16．

[134] 蔡华利，张翠英．企业软件外包风险管理研究 [J]．中国管理信息化，2006 (4)．

[135] 聂规划，周晓光．企业信息技术外包的风险与防范 [J]．科技进步与对策，2002 (4)．

[136] 朱玥．IT 外包风险评估和风险规避研究 [D]．北京交通大学硕士学位论文，2008．

[137] 王桂森．企业 IT 服务外包风险控制模型研究 [D]．哈尔滨工业大学博士学位论文，2011．

[138] 刘婷婷．IT 外包风险控制方法研究 [D]．东北财经大学硕士学位论文，2010．

[139] 吴晓英．企业信息技术外包风险研究 [D]．华中师范大学硕士学位论文，2007．

[140] 王雅薇．IT 外包实施过程中的风险分析与控制 [D]．吉林大学硕士学位论文，2008．

[141] 张云川．IT 外包服务及其执行过程风险控制研究 [D]．华中科技大学博士学位论文，2005．

[142] 杨农．信息系统外包的决策和风险分析 [J]．学术界，2003 (6)．

[143] 汪斌，赵张耀．国际产业转移理论述评 [J]．浙江社会科学，2003 (6)．

[144] 刘宁．中国服务外包产业的发展方略 [D]．武汉大学博士学位论文，2010．

[145] 李宸瑝．中国承接服务外包研究：影响因素、比较优势与效应[D]．南开大学博士学位论文，2010．

[146] 卢锋．服务外包经济学分析：产品内分工视角——兼论我国承接国际服务外包问题 [R]．北京大学中国经济研究中心讨论稿系列 No. C2007011，2007-07-10．

[147] 张华．跨国公司服务外包的机制研究 [D]．中国海洋大学硕士学位论文，2008．

[148] 肖永芳．跨国公司服务外包的动因研究 [D]．武汉理工大学硕士学位论文，2006．

［149］刘慧，胡天佑．我国生物医药外包市场浅析［J］．上海医药，2005（2）．

［150］卢言．国际生产体系下的企业外包管理［J］．集团经济研究，2005（6）．

［151］甄炳禧．经济全球化背景下的国际服务外包［J］．求是杂志，2005（9）．

［152］王根索．国际服务外包转移与我国的承接对策［J］．经济纵横，2005（4）．

［153］李仲周，国际服务业外包：机不可失 失不再来［J］．WTO 经济导刊，2004（10）．